AF502757

CLAUDE VERLEY, S. J.

Un Ingénieur Chrétien

PAUL BERTRAND

1894 - 1925

Essais d'Apostolat social

" Editions Spes "

17, Rue Soufflot — Paris (Vᵉ)

1927

Un Ingénieur Chrétien
Paul BERTRAND

PAUL BERTRAND

Claude VERLEY, S. J.

Un Ingénieur Chrétien

PAUL BERTRAND

1894-1925

Essais d'Apostolat social

" Editions Spes "

17, rue Soufflot — PARIS (Vᵉ)

—

1927

INTRODUCTION

PAROLES DE TEMOINS

Ces pages, commencées au lendemain de la mort de celui dont elles parlent, ne sont cependant pas écrites dans la tristesse.

Les belles âmes qui ont tracé en ce monde un sillage de lumière, ne s'éteignent pas, la foi nous en est garante. Elles deviennent d'immortels flambeaux dans l'éternité. Pourquoi laisserions-nous ici-bas leur trace s'obscurcir ? Pourquoi négligerions-nous, en nous ensevelissant dans notre deuil, de réaliser les fins de Dieu qui les a faites si radieuses, je veux dire, de nous illuminer à leur flamme et de nous ranimer à leur chaleur ?

La matinée du 6 juillet 1925 nous fut cruelle à beaucoup, émouvante à tous. Tout étourdis par la soudaineté du coup, un groupe d'amis étaient accourus, pendant que d'autres, par un retard de la poste, étaient encore épargnés par la douloureuse nouvelle.

Le corps de Paul Bertrand allait quitter la chère demeure conjugale, cet ancien château Kiener, non dépouillé encore d'une certaine grandeur, où s'étaient abritées deux années de bonheur. A cet instant on vint annoncer que, à celui qui s'en allait pour toujours, un fils venait de naître.

Emouvant contraste, qui apparut à beaucoup comme une douleur de plus.

En réalité, providentielle consolation, non seulement par la pensée d'une miséricordieuse suppléance d'affection : « Femme, ton amour est mort ! Mère, voici ton amour vivant ! » mais aussi par le rappel symbolique de ce qu'est toute mort de chrétien : une naissance à la Vie !

Roulant ces pensées ou d'autres, nous marchâmes vers l'église, puis vers le cimetière.

Là, des voix s'élevèrent, voix d'hommes sérieux méprisant la phrase, de chefs se connaissant en valeurs humaines, d'amis dont l'affection était faite d'abord d'une immense estime.

Et le portrait qui sortit de cette collaboration fortuite, fut si beau, dans sa sobriété ; simple esquisse, il se trouva si achevé, que plus d'un, même habitué à des éloges funèbres autrement pompeux, s'en retourna avec cette irrésistible impression : Il y a vraiment peu d'hommes dont on puisse parler ainsi.

« Ce fut, — avait dit un de ses chefs industriels dont la vie avait journellement côtoyé la sienne, et dont l'âme avait su le comprendre —, ce fut un homme dans toute la force du terme, un soldat, un chef juste et équitable, un excellent ingénieur, un tendre époux, un chrétien, l'honneur d'une famille, d'une usine, d'un pays. »

Et du sommet de la hiérarchie, où, si jeune, il occupait encore un modeste grade, un témoignage remarquablement précis venait attester combien sa valeur professionnelle l'avait déjà fait distinguer de la masse :

« Il était venu parmi nous, — disait son directeur général, — en août 1920. avec quelques-uns de ces Polytechniciens de 1914, dont les études avaient été interrompues par la grande guerre, et qui, mûris par une terrible expérience. avaient achevé leur culture scientifique avec une exceptionnelle maturité d'esprit.

« Ce jeune ingénieur de vingt-cinq ans, au regard loyal et vif, couvert de gloire militaire, vétéran des

Dardanelles et du front français, décoré de la Légion d'honneur, titulaire de trois citations, entrait dans une Société (1) qui manquait de cadres. parce qu'elle venait, dans la tourmente, de grandir très vite. Il se vit confier inopinément la direction d'ateliers très délicats, dont il accepta avec le plus grand entrain, les lourdes responsabilités.

« En quelques mois, complétant par l'étude ses connaissances théoriques, ayant acquis sur son personnel l'autorité d'un homme qui savait s'imposer par son intelligence et par son caractère, il maîtrisa ses fabrications, et, avec une sûreté de jugement étonnante, sut bien vite indiquer les remèdes qu'il convenait d'appliquer aux imperfections qu'il avait pu constater.

« Ses études et ses suggestions furent aussitôt remarquées, et il devint, en peu d'années, l'un de nos techniciens les plus écoutés.

« Ayant fait son apprentissage seul, au milieu des énormes difficultés qui surgissaient dans la mise au point de procédés nouveaux, dans une usine qui se reconstituait, Bertrand devait, il y a deux ans, devenir le véritable guide des jeunes ingénieurs qui se partagent aujourd'hui les multiples fabrications de l'usine de Loos.

« Avec le titre de sous-directeur, nous l'avions véritablement chargé de la conduite technique des fabrications, et dans ce poste, un peu dégagé de préoccupations secondaires, il pouvait donner libre cours à ses facultés d'observateur très pénétrant et conseiller ceux de ses jeunes collaborateurs aux prises avec des appareils rebelles.

« Il s'était profondément attaché à cette vieille usine de Loos, où, depuis un siècle, plusieurs généra-

---

(1) Les Etablissements Kuhlmann.

tions d'ingénieurs ont, comme lui-même, lutté contre la matière. Aimant son métier, tout en le dominant, sachant approfondir avec passion l'étude des phénomènes et de leurs causes, il avait été très heureux de se voir maintenir à Loos, dans une situation qui disait, à elle seule, l'estime où il était tenu.

« Son parfait équilibre d'esprit le rendait naturellement optimiste, et, comme tous ceux qui savent étudier et observer, il ne doutait pas de pouvoir réaliser de nouveaux progrès. Il ne se sentait jamais arrivé au point où il aurait pu considérer comme achevée sa recherche de perfectionnement.

« Et dans cette tâche ardue, il apportait une bonne grâce et une gaieté qu'avaient remarquées tous ceux qui l'avaient approché. Qui de nous pourra oublier le charmant sourire et les yeux spirituels avec lesquels il savait nous donner, sous une forme quelquefois malicieuse, les explications les plus arides ?

« Toutes ces qualités que nous lui reconnaissions et qui faisaient de Bertrand une nature d'élite, avaient frappé ses chefs militaires. L'un de ceux qui avaient pu apprécier, dans de tragiques moments, sa vive intelligence et son noble caractère, fut heureux de l'accueillir dans sa propre famille. »

D'ailleurs « il ne comptait qu'affection autour de lui, parmi ses chefs qui appréciaient sa haute conscience et son dévouement absolu, parmi ses collègues auxquels il apportait une collaboration très simple, sachant leur donner, avec finesse, tout en s'en défendant, les plus précieux conseils, parmi ses subordonnés. qui avaient éprouvé non seulement la sûreté de ses connaissances, mais aussi sa générosité et sa ferme bienveillance. »

Que dire d'un tel portrait ? Qu'il est d'un maître ? Oui certes, mais aussi qu'il invite singulièrement à connaître le modèle. Qui ne souhaiterait d'approcher de plus près une personnalité si riche et si attachante, de découvrir en « approfondissant avec passion, comme il faisait lui-même, l'étude des phénomènes et de leurs causes », d'où lui est venu tant de conscience, tant de noblesse, et une si belle maîtrise des hommes et des choses.

Nous sentons bien, que, quand on a signalé sa « très grande distinction d'esprit », et sa « rare élévation de sentiments », ce ne sont pas encore des causes que l'on nomme. Ces fleurs magnifiques du parterre humain n'éclosent pas par hasard, avec la même spontanéité que les impressions et les caprices, ces herbes folles des natures en friche.

Quelle est la culture qui donne de tels produits ? Quel est le sol qui en est capable ? Et quel jardinier en a la gloire ?

Sur sa tombe même, une autre voix, une voix chrétienne, nous oriente vers une solution qui déjà se devine :

« Nous devons, — ainsi s'exprime un ingénieur de Centrale, grand industriel de Lille et président de la Section régionale de l'Union Sociale d'ingénieurs catholiques, au nom de laquelle il prend la parole —, nous devons nous incliner devant la volonté du bon Dieu, mais combien vous avez été enlevé soudainement, mon cher ami, à notre affection et à toutes les bonnes œuvres où vous preniez une part si courageusement active et si intelligemment utile !...

« Paul Bertrand fut, avec son excellent ami de Winter, le fondateur de notre section du Nord et du Pas-de-Calais au début de 1922, et, quand de Winter quitta Lille, un an après, il assuma avec la plus grande simplicité, la tâche de secrétaire, la seule importante de notre groupement...

« ... Il était réellement l'ingénieur social catholique, qui après avoir rempli au cours de sa journée toutes ses obligations professionnelles, résolu les problèmes techniques, financiers et économiques, comprend le grand devoir qu'il lui reste encore à remplir, celui d'étudier, à la lueur de notre foi, les questions sociales qui sont plus hautes que toutes les autres.

« Ce grand devoir vaut bien qu'un ingénieur lui consacre ses soirées et une partie de ses dimanches. C'est ce que Paul Bertrand, avec son âme d'apôtre, faisait sans compter. Il y manifestait une distinction exquise, une générosité et une largeur de vues que nous n'oublierons pas. « Servir Dieu et rendre service à tous » qui est la devise de notre Union, était excellemment la sienne. »

Ainsi s'éclaire le portrait. Une intelligence et une compétence hors ligne, nous dit-on d'une part : un ingénieur accompli. Un zèle religieux inlassable, ajoute-t-on d'autre part : un apôtre avant tout.

Il n'y a donc pas dans le monde deux catégories de gens : les hommes d'affaires et les hommes d'œuvres, ceux qui travaillent et ceux qui se dévouent. Il est donc possible d'exceller à la fois parmi les uns et parmi les autres, de ne se laisser exclusivement accaparer ni par les occupations professionnelles, ni par les organisations religieuses ou sociales. Il existe même des hommes de si bel « équilibre d'esprit », qu'ils savent communiquer à leurs œuvres quelque chose de l'activité et de la méthode industrielles, et à leur travail quelque chose du dévoûment apostolique. Ils savent porter la même âme partout, et partout l'utiliser tout entière, avec les apports et enrichissements qui lui viennent de partout.

Si ce phénomène est assez rare pour frapper ceux qui en sont témoins, il vaut d'être analysé jusqu'au bout.

Et peut-être aurons-nous découvert l'ultime raison qui l'explique, quand nous aurons lu, sous la plume d'intimes amis, à qui sa mort permettait de plus larges confidences. des jugements comme ceux-ci :

« Il était pour moi, écrit un ancien polytechnicien,

non seulement un ami de vieille date, mais un
modèle. J'éprouvais pour lui, non seulement de l'amitié, mais un respect dû à sa supériorité universelle,
une grande admiration pour sa sainteté et son intelligence. Tous nos camarades pourront vous le dire,
chaque fois que nous étions réunis plusieurs avec lui,
sa supériorité lui donnait tout de suite l'ascendant,
l'autorité : c'était lui le Chef.

« Je sais que sa sainteté était un sujet d'édification
pour tous ses camarades : comme s'il avait su que sa
vie devant être courte, il fallait tout de suite atteindre
à la perfection. »

Voilà paroles de témoins. Il y en eut bien d'autres :
elles rendent le même son. Tous ont vu, à travers une
vie extérieurement très simple, filtrer un extraordinaire rayonnement.

Ceux qui parlent ont fait tout ce qu'il a fait. Ce
sont des camarades du front, des camarades d'Ecole,
des camarades d'usine, officiers, polytechniciens, ingénieurs, dont la vie fut sa vie, avec les mêmes devoirs,
les mêmes horizons, les mêmes périls. Et pourtant ils
s'inclinent devant un héros. Tout leur fut commun,
semble-t-il, sauf la manière. Et s'il est vrai que, de
l'avoir si bien compris, dénote chez plusieurs une
parenté d'âme qu'il est réconfortant de constater, leur
témoignage n'en a que plus de valeur, quand il signale
et glorifie la tenue constante d'une vie à une altitude
qu'il leur a parfois été donné d'atteindre.

C'est à ses collègues innombrables des usines, ingénieurs et jeunes industriels, que nous présentons ce
portrait.

En le regardant, plus d'un peut-être se dira : Il a
eu notre vie à presque tous. D'où vient qu'il a réalisé
un type d'homme auquel si peu ressemblent ? — Et,
la question loyalement posée, ils voudront en chercher la réponse, non plus dans ce qu'on a dit de

lui, mais dans ce qu'il a dit et dans ce qu'il a fait lui-même.

Qui sait si ce n'est pas de ce côté qu'il convient de chercher aujourd'hui « les hommes qu'il nous faut »?

L'intelligence ne manque pas en France, mais il nous la faut sans orgueil. Les vrais talents abondent, mais il nous les faut disciplinés. Les ambitions ne sont pas rares, mais il nous les faut désintéressées. Les âmes de chefs existent, mais il nous les faut généreuses.

Et les chrétiens remplissent encore de leurs noms les registres de Baptême, mais il nous les faut logiques et constants.

Or, ce fut bien la conviction de Paul Bertrand. Ce fut aussi son but et son effort. Sa belle et souriante énergie l'y aida beaucoup ; sa foi, plus encore. Et, tandis qu'il résolvait pour sa part ces difficiles problèmes, il sut créer autour de lui, — ainsi s'exprime un jeune étudiant qui vécut quelque temps dans son ambiance —, un « milieu de jeunes gens et d'hommes catholiques qui considèrent que la religion n'est pas seulement une espèce de vieux drapeau que l'on sort les dimanches et les jours de fête, mais une illumination de la vie entière dans ses moindres actes. »

Ce fut, pour ce jeune, presque une révélation : « Je ne suis certainement pas au point, avouait-il, pour en bien comprendre tous les principes, mais je sens au fond de moi-même que la voie est là. Et si le bon Dieu veut bien beaucoup m'aider, j'espère un jour m'y engager tout à fait. »

Cette révélation ne semble pas devoir être réservée aux quelques privilégiés, qui ont directement subi cette influence. La Providence semble nous inviter à mettre la lumière sur le chandelier, afin qu'elle éclaire la maison, la maison française du travail, du haut en bas.

UN INGÉNIEUR CHRÉTIEN

CHAPITRE PREMIER

LA FORMATION DE L'HOMME

De La Louptière-Thénard (Aube) au lycée Janson-de-Sailly. — Attaches rurales. — Foyer chrétien. — L'institution Saint-Edme et le lycée de Sens. — Mathématiques spéciales à Paris. — Jeunesse laborieuse et saine.

La plaine champenoise, aux terres blanchâtres, aux horizons sans relief, aux moissons maigres ; un village perdu, loin des grandes voies de communication ; une ferme ancienne, pleine de soleil, de santé et de travail. C'est l'Aube. C'est la Louptière-Thénard. C'est la maison de famille des Bertrand.

Paul y naquit le 20 décembre 1894.

Cette maison, « château modeste », comme l'appelle un témoin, avait son histoire, qu'immortalise le nom même du village. C'est sous son toit qu'avait grandi vers la fin du XVIIIᵉ siècle le grand chimiste Thénard, parti de là vers 1798 pour devenir d'abord répétiteur de chimie à l'Ecole polytechnique, puis professeur, auteur et inventeur de grand renom, pour finir doyen de la Faculté des Sciences et pair de France. « Il restait même chez les parents de Paul Bertrand, continue le même témoin, quelques souvenirs du grand savant, sa bibliothèque entre autres

choses et je me souviens avec quelle joie Paul aimait
à y séjourner. S'il nous est permis de croire que les
grands hommes laissent un peu de leur âme au milieu
des choses qui leur ont appartenu, quoi d'étonnant à
ce que Bertrand, grandissant au milieu d'elles, ait
puisé là sa vocation de chimiste et de chercheur (1). »

Mais entrons, et commençons à lier connaissance.
Une heureuse surprise nous attend. Nous sommes dans
un des départements que les statisticiens de la dépopulation teintent en noir dans leurs cartes de France,
en les appelant des départements-tombeaux. Et voici
un nid plein d'oisillons. Quatre petits frères s'y suivent
de si près, que la charge devient lourde pour la
maman, à qui la ferme n'impose pas moins de devoirs
que la famille. Et le jeune Paul est, jusqu'à sa première communion, adopté par une grand'mère généreuse : il passe au riant pays de l'Yonne, au village de
Vinneuf.

A onze ans, le foyer paternel le réclame, mais pour
peu de temps. Les études du futur ingénieur vont
commencer.

Elles vont l'emmener de plus en plus loin du ter-
roir natal, superposer bien d'autres disciplines à la
formation initiale de la famille, mais sans jamais la
faire renier, ni même la faire oublier. Les appels de
la vie, écoutés comme des appels de la Providence, et
suivis seulement à cette condition, attireront l'enfant
bien doué qu'est Paul Bertrand hors de son village,
hors de son ambiance naturelle, hors de ses traditions
professionnelles, sans en faire jamais un déraciné.
Partout à l'aise, partout chez lui, partout heureux,
il sera excellemment étudiant, officier, ingénieur,
homme du monde, comme s'il était né et avait grandi
dans ces milieux-là. Mais toujours il restera excellem-

____

(1) Lettre de M. M.. 20 sept. 1925.

ment aussi le fils des cultivateurs de la Louptière-Thénard, sans qu'il lui paraisse y avoir de distance à franchir pour rentrer dans les souvenirs d'enfance, et reprendre à la maison patriarcale très aimée, durant ses vacances industrielles, bien plus courtes que les vacances scolaires, la place qu'il n'avait, en somme, jamais occupée qu'en passant.

Il aura même, une fois ou deux, la nostalgie de la vie rurale et un peu aussi celle des affections du foyer, trop peu goûtées.

En juin 1921, par exemple, au temps de ses laborieux débuts dans les établissements Kuhlmann, de Lille, en puissant effort de reconstitution, il se repose quelques jours chez son frère, qui a pris en main la direction des cultures. Lui qui ne sait être nulle part simple spectateur du travail des autres, s'intéresse activement à la vie agricole. Et le voilà qui sent se réveiller son atavisme de terrien.

« Pendant cette permission, écrit-il à un ami (1), j'ai travaillé quelque peu avec mon frère dans les champs. Et je ne te cacherai pas que j'ai envié cette vie saine au soleil, où l'on récolte ce que l'on sème et où l'on voit les efforts que l'on fait, produire des résultats. Dans nos industries, — au contraire, — surtout dans la période de crise actuelle —, tous les efforts sont pour réduire la production, marcher au ralenti et sans résultat apparent (2). D'ailleurs, dans toutes ces machines et ces appareils, rien ne vit, rien ne se transforme. On est au milieu de la matière inerte, le royaume de Pluton d'Umb (3), et au milieu d'outils

----

(1) Lettre à D. M., 12 juin 1921.

(2) Moins d'un an après, comme nous le verrons, ses lettres signalaient au contraire l'intensité du travail.

(3) Expression favorite de M. Umbdenstock, professeur d'architecture à l'Ecole polytechnique — très sympathiquement populaire parmi les élèves —, pour désigner, du point de vue de l'artiste, l'aspect morose des grandes usines.

qui s'usent et meurent rapidement. J'ai l'impression qu'il y a là une influence très nette sur le moral et la mentalité de l'ouvrier qui est fatalement sujet à une certaine dépression... »

Visiblement, l'usine lui a paru à lui-même plus sombre à son retour des champs. Ses machines compliquées, mais si souvent à réparer et à mettre au point, — surtout dans une spécialité où l'on construit et l'on invente toujours —, semblent avoir perdu de l'intérêt qu'elles ont pour un technicien. Il est vrai que, comme il le dit, c'est la période de crise.

Alors, la pensée flotte un moment autour du devoir présent, tentée de lui en substituer d'autres pour l'avenir. Mais bien vite l'aiguille retrouve le nord. Et le pilote ressaisit plus virilement sa barre. La question de carrière, si elle se pose, ne doit pas être abandonnée aux caprices de l'impression. C'est de sang-froid et sous la lumière d'en haut qu'elle doit être considérée.

Et le voilà qui philosophe, — ou plutôt médite, — sur cet incident et sur les leçons qu'il comporte :

« Ce n'est que rarement que de telles sombres pensées m'assaillent. Remercions Dieu des grâces dont il nous a comblées. Efforçons-nous de faire notre devoir là où il nous a placés. Remettons-nous en à lui du soin de notre avenir. Mais cependant, n'oublions pas qu'il ne récompensera que nos efforts ; c'est ainsi qu'il faut comprendre le : Aide-toi, le ciel t'aidera. Et si « aux petits des oiseaux il donne la pâture », il la met à leur disposition, mais ceux-ci doivent la chercher. Si donc nous ne nous sentons pas à notre place dans un endroit déterminé et si nous croyons que nous serions mieux ailleurs, cherchons d'abord quel est cet « ailleurs », et, une fois qu'il sera trouvé, n'hésitons pas à changer. C'est un peu ma mentalité à l'heure présente, mais je n'ai pas encore pu déterminer « l'ailleurs », et, comme d'autre part, il faut se méfier de soi, j'attends, et jusqu'à présent j'ai toujours dit que j'étais très bien ici. Il est possible que cette tentation soit simplement due à la crise actuelle, avec tous les ennuis qui en résultent, et que je retrouve bientôt, avec le calme, la notion d'être « the right man at the right place », qui est ce qu'il faut chercher.»

La « tentation » fut, en effet, très passagère. Elle ne pouvait tenir, d'ailleurs, contre une offensive raisonnée, menée au nom du devoir providentiel. Ce principe si simple sera pour lui toute sa vie un principe de victoire. Il le défendra aussi bien contre les flatteries de l'amour-propre et le vertige du succès que contre la mélancolie de la solitude et de l'effort apparemment stérile.

Or, ce principe ne lui avait pas été révélé sur le tard, à l'âge d'homme, comme s'il avait été du nombre des convertis de la guerre. Il faisait partie du patrimoine de la Louptière.

Et c'est la seconde belle surprise que nous aurions éprouvée, si nous avions, vers 1905, au temps où le petit Paul revenait de Vinneuf, passé le seuil des Bertrand.

Dans un pays où la vie matérielle est aisée, mais où les prêtres manquent, où les hommes ont presque généralement déserté l'église, nous aurions été heureux de trouver un foyer chrétien où l'on connaissait et pratiquait la dévotion au Sacré-Cœur.

En 1921, durant le séjour au pays natal dont nous avons parlé, notre ingénieur put constater que cette tradition ne s'oubliait pas. Il écrit :

« Le jour de la fête du Sacré-Cœur, j'ai assisté à l'intronisation du Sacré-Cœur dans la maison de mon frère Gabriel, celui qui est cultivateur et qui s'est marié il y a six semaines. M. le Curé de chez moi était venu pour cette cérémonie. C'est une grande joie pour moi de voir se perpétuer chez mon frère le

culte du Sacré-Cœur qui est déjà honoré particulièrement chez mes parents. »

Trois ans plus tard, devenu à son tour chef de
famille, il perpétue lui-même la tradition, — mot
si fort pour un polytechnicien, plus fort encore
pour un chrétien de sa trempe —, et, bien loin par
la distance de ses racines familiales, mais en ayant
gardé toute la sève, il invitera le vicaire de sa paroisse
de Loos-lez-Lille, M. l'abbé Droulers, son confident
et son ami, à venir renouveler chez lui cette impres-
sionnante bénédiction du foyer.

L'intronisation du Sacré-Cœur au château Kiener
eut lieu le 1ᵉʳ janvier 1924.

Et voilà sans doute le secret de l'unité foncière de
la vie de Paul Bertrand, à travers bien des changements de front, bien des secousses, bien des remous
imprévus. Il y avait une direction supérieure qui ne
changeait pas, et qui se subordonnait, en les utilisant,
tous les courants opposés. Cette philosophie religieuse, — qui est à la portée des enfants, tout en
dépassant de bien hautes intelligences — lui avait été
enseignée au village. Et il reconnut toujours que les
plus célèbres Ecoles ne lui avaient rien appris de plus
grand.

C'est à Sens qu'il tâta de la vie de collège.

L'Institution Saint-Edme, tenue par des prêtres, et
conduisant ses élèves aux cours du lycée, fut le premier laboratoire intellectuel où se révélèrent en lui
des facultés d'avenir.

« Il n'était pas, — écrit un de ses amis d'alors,
devenu ingénieur lui-même —, il n'était pas de ces
petits prodiges qui étonnent par leurs éclats dès leur
jeune âge, et ne donnent souvent pas en vieillissant
ce que promettait leur enfance. Bertrand arrivant à
l'école Saint-Edme était simplement un bon élève,
intelligent, studieux, à l'attention soutenue, au tra-

vail régulier. Nos familles s'étant connues autrefois, il fut tout de suite pour moi, son aîné d'une classe, un bon camarade, et notre penchant commun pour les mathématiques nous rapprocha davantage encore, quand nous arrivâmes l'un et l'autre dans les hautes classes (1). »

En seconde, Paul eut comme professeur le grand romancier Emile Baumann. Mais, — c'est chose assez courante dans le cycle « latin-sciences » —, il ne semble pas que, même avec un tel maître, la formation littéraire ait eu pour lui, en face de la culture scientifique, le prestige qu'elle mérite. Il fut bon élève en tout, mais son cœur était aux sciences.

Paul prépara donc consciencieusement ses deux baccalauréats, conquit avant de quitter le lycée la plus haute distinction accordée à ses élèves par cette institution : le prix de l'Association, et emporta de ses premières études bien mieux que prix et diplômes : la passion du travail, qui ne le quittera plus, et l'ambition de mettre en valeur les talents qu'il avait reçus.

Un de ses anciens professeurs, devenu supérieur du collège de Joigny, écrivait le lendemain de sa mort, qu'ayant eu la joie de le rencontrer après un long intervalle, aux vacances précédentes, il avait été « si fier de le retrouver, toujours lui-même, avec ses ardeurs de jeunesse, sa foi de premier communiant, son amour dévoué pour les siens, son zèle d'apôtre » ! Et comme évidemment Paul Bertrand lui avait parlé de l'action catholique à laquelle il se donnait si généreusement à Lille, le vénéré supérieur ajoutait : « Il se plaisait tellement au milieu des œuvres du Nord, où il pouvait être quelqu'un et faire quelque chose ! » C'était la joie d'un rêve réalisé, d'un rêve qui remontait sans doute à ces années d'adolescence de Saint-Edme.

---

(1) Lettre de M. M., 20 sept. 1925.

Dans cette âme solidement chrétienne, qui en viendra un jour à comprendre si bien la nécessité et la beauté de la vie intérieure, qui inscrira dans ses résolutions celle de « s'exercer dans les limites de ses devoirs d'état, à suivre les conseils de perfection que Jésus a donnés à ses apôtres et à pratiquer, selon ses humbles moyens, la pauvreté, la chasteté, l'obéissance », y eut-il d'autres rêves à l'âge où l'enfant, devenant homme, cherche dans l'avenir quelle sera sa voie?

Dieu pouvait, semble-t-il, compter sur une telle âme, s'il daignait l'appeler à se consacrer à lui, et à n'avoir plus d'autre profession que celle de le servir et de le faire régner. Il suffit de voir les lettres charmantes qu.il écrira à ses amis au temps de leurs fiançailles ou des siennes, pour deviner quelle pureté avait conservée celui qui parle ainsi de la préparation au mariage et des joies du foyer chrétien.

L'appel pourtant ne se fit pas entendre.

Sa jeunesse laborieuse et pénétrée, non d'impressions, mais de convictions religieuse, le tint à l'écart des tentations précoces. Il se plaint même quelque part de n'avoir été instruit que très tard de ce qu'un jeune homme doit savoir, pour ne pas courir le risque de faire cette éducation avec « de bien tristes professeurs », et il s'élève contre le « système éducatif actuel, qui veut qu'à vingt ans le jeune homme soit surpris par la poussée de ses sens et qu'il ne comprenne pas ce qui lui arrive (1) ».

Quoiqu'il en soit de cette grande controverse pédagogique, il n'est guère d'éducateurs, même actuels, qui jugeraient souhaitable, ou même possible, de faire durer si longtemps l'ignorance. Mais le chiffre même indiqué dans cette lettre ne révèle-t-il pas élo-

---

(1) Lettre du 14-7-21 à D. M.

quemment à lui seul de quelle rare préservation Paul
Bertrand avait joui, et dans quelle atmosphère excep-
tionnellement saine, — au dedans et au dehors —, il
avait vécu.

A vingt-six ans, au moment où des espérances
matrimoniales douloureusement contrariées lui faisaient plus sensiblement éprouver le besoin d'affections
familiales, il écrit :

« Il est certain que la vie est pour moi par moments
assez triste. Je voudrais tant pouvoir vivre un peu
cette vie de famille que je n'ai connue que bien peu.
Les séjours dans les collèges, lycées, à l'armée et à
l'X (1), s'ils ont l'avantage d'arrondir les angles et
de former le caractère, ont le gros tort de dessécher
peut-être un peu, ou plutôt de laisser sans satisfaction, les facultés du cœur, et les courts séjours au
sein familial pendant les vacances ne permettent pas
de les satisfaire... Aussi, lorsqu'on arrive à un âge
où l'on peut songer à fonder un foyer, lorsqu'on a
trouvé l'âme sœur qui, vibrant de la même foi, semble
réunir toutes les qualités que l'on aimerait rencontrer
chez celle que Dieu nous destine, c'est alors que l'on
sent toute la pauvreté de la vie solitaire et qu'on
désire goûter la douceur du foyer que l'on crée. On
comprend mieux alors le sens du mot « Vae
Soli ! » (2). Seule, une vocation religieuse permet de
remplacer le dévouement familial par une œuvre plus
large et plus belle, le dévouement social. »

Cette vocation, il l'a toujours tenue en haute
estime : ces lignes le prouvent. Il l'a constamment
honorée dans ceux en qui elle se personnifiait. Il l'a
particulièrement aimée dans la Compagnie de Jésus,
pour laquelle il avait, — s'en étonne qui veut —, de

----

(1) Ecole polytechnique.
(2) « Malheur à celui qui est seul ! » Parole de l'Ecriture
sainte : Eccles. IV-10.

vives sympathies. Il ne semble pas qu'il y ait jamais sérieusement pensé pour lui-même.

Ou s'il y a pensé, ne serait-ce pas sa propre réponse à cette grande question, que nous avons trouvée, écrite de sa main, sur une feuille qu'il portait habituellement sur lui. La formule est empruntée au livre d'Ollé-Laprune : *Le prix de la vie :*

« On tâche de témoigner à Dieu son amour en l'état où on est de par Dieu. On attribue aux devoirs d'état une importance capitale. On regarderait comme une illusion dangereuse de rêver de vertus plus éclatantes et de négliger, en attendant, ses devoirs d'état, humbles peut-être, mais essentiels. Etre où Dieu veut, faire ce que Dieu veut, voilà le chemin de la vraie perfection, parce que c'est le chemin du salut en tant que commandé à tous.

« On sait qu'il y a des voies extraordinaires. On les admire. On ne s'y engage point de soi-même. On commence par marcher de son mieux, dans l'état commun où l'on est, prêt à aller plus haut, si, d'une manière ou d'une autre, Dieu dit : « Mon ami, montez plus haut. » *Amice ascende superius.* On s'occupe donc des choses de ce monde. Par devoir strict d'abord, puis par charité, puisqu'on a pour maître celui qui a dit : « Misereor super turbam. » Enfin, pour tout consacrer à Dieu, en restaurant tout dans le Christ. »

Ce texte, qu'il a dû relire et méditer souvent, c'est vraiment toute la vie de Paul Bertrand. La double passion de faire excellemment la tâche confiée — parce que c'est Dieu qui la lui confie — et de ne laisser perdre aucun moyen de sanctification mis à sa disposition, animera et transfigurera tous les faits et gestes que nous entreprendrons de raconter.

Le premier devoir d'état qu'il aura à choisir, ce sera, au sortir de l'enseignement secondaire, la carrière scientifique sous la forme de la préparation aux grandes Ecoles.

Ses aptitudes étaient claires, ses goûts peut-être incertains. Toujours est-il que son intention était alors « de préparer l'Ecole normale supérieure et de devenir professeur de physique et chimie ».

Nous le savons par un de ses bons amis d'alors et de toujours, qui a bien voulu nous communiquer sur cette période de très intéressants détails :

« Au mois d'octobre 1911, Paul Bertrand entrait au lycée Janson-de-Sailly, à Paris, pour y faire des mathématiques spéciales.

« Dans ce grand lycée parisien, au milieu des nombreux élèves, accourus des différents lycées de province où ils tenaient la tête de leur classe, et d'où ils arrivaient fiers des succès passés et plus encore des succès escomptés, Paul, l'un des plus jeunes malgré sa taille élevée, gardait une attitude simple, modeste, souriante.

« Il passa presque inaperçu. Toujours doux, prévenant et discret, enjoué comme un tout jeune, mais sérieux et pur, Paul gagnait d'une façon insensible et sûre la sympathie de chacun. Les taquins et les turbulents le trouvaient toujours gai et patient, avec cependant une fermeté de caractère qui était inébranlable au delà de certaines limites. Je l'ai vu parfois impatienté devant des taquineries vraiment excessives, mais jamais en colère.

« Les chercheurs de discussions graves l'appréciaient également, parce que son esprit profond aimait les grands sujets ; mais, d'une prudence et d'une modestie que je ne pense pas avoir remarqué chez d'autres que lui, il n'apportait aucune passion dans ces débats où d'autres allaient jusqu'à l'indignation et parfois même l'invective.

« Les amateurs de jeux divers qui recherchaient dans les parties de « pelote » ou de « ballon » une détente salutaire à la surchauffe des concours, trouvaient aussi en Paul un docile partenaire, consciencieux, mais là aussi sans passion.

« Seuls, les égarés que les plaisirs trompeurs de la ville tentaient dans leurs jours de sortie et qui organisaient leurs parties en groupes, devaient se résigner à ne jamais compter Paul Bertrand parmi eux.

« Sa passion était tout entière dans le travail, ou du moins elle n'apparaissait que là. On pouvait sur ce terrain lui proposer les pires excès : adieu la tempérance et la mesure qu'il avait si bien dans les jeux, les discussions et dans toute sa conduite. Il acceptait toujours.

« Il a travaillé durant les deux années de Spéciales qui ont suivi sa première année du Cours de Centrale, absolument sans mesure. Je lui ai vu faire des journées de dix-sept heures ! Debout dès 4 heures du matin, il travaillait sans relâche sensible jusqu'à 9 heures du soir (coucher obligatoire). Son endurance était étonnante. Ses résultats encore plus. Si bien que le modeste Bertrand s'est poussé jusqu'à être admissible au concours de l'X de 1913 et reçu brillamment en 1914. Car très vite il s'était détourné de l'Ecole normale, je ne sais plus exactement sous quelle influence. Mais il est demeuré toujours modeste, ne portant ombrage à personne. Tous les professeurs l'aimaient.

« Pour ma part, ce qui m'a le plus frappé en lui, c'est *l'unanimité de sympathie* que provoquait sa nature droite, simple, souriante dont toute l'ardeur se portait dans le travail.

« La guerre nous a séparés... (1) »

Comme on le voit par cette lettre, les perspectives de Paul Bertrand se précisèrent peu à peu. Le lycée

---

(1) Lettre de C. P., 19 sept. 1925.

avait sans doute rêvé pour lui la carrière de l'enseignement et l'y avait poussé. Par une sorte de réaction spontanée, il bifurque vers la carrière industrielle. Faut-il chercher longuement sous quelles influences fut prise cette décision ? S'il y eut une vocation dans sa vie, ce fut ce jour-là qu'elle parla. Dieu voulait faire de lui le type de l'ingénieur chrétien.

Il s'orienta vers Centrale, puis une autre ambition se fit jour : c'était l'X qu'il voulait. Il ne pouvait s'y présenter qu'avec une année de plus de préparation : n'importe, il y mettrait le prix. Et c'est ainsi qu'à l'improviste, en vertu de sa passion de monter, Paul Bertrand devint « taupin ».

L'X faisait ce jour-là une acquisition précieuse.

CHAPITRE II

LA FORMATION DU CHEF

———

Admissible à Polytechnique, s'engage le 1er août 1914. —
Sous-lieutenant au printemps 1915, part pour les Dardanelles. — Première attitude au feu. — Les idées de Paul
Bertrand sur le chef militaire. — Les citations. — Evacué
au *Mont des Oiseaux* : opération, convalescence. — Retour
en Orient : batailles de Florina et de Monastir. — Lieutenant le 15 mars 1917, après trois mois de séjour à Fontainebleau. — Réflexions sur « l'arrière ». — La campagne de 1918. — Paul commande la 17e batterie du
120e R. A. L. (XXe corps). — Gazé le 15 mars. — Défense
héroïque entre Aisne et Marne. — La poursuite ! Château-
Thierry, Saint-Mihiel. — Entrée à Metz (18 novembre).

Au moment où se déclencha la grande guerre, le
1er août 1914, il n'y avait encore que des admissibles
à l'Ecole polytechnique. Paul Bertrand était du
nombre.

Pour des jeunes gens de vingt ans, l'heure n'était
plus aux luttes pacifiques du concours d'entrée. La
vieille école leur montra l'armée pleine de ses anciens,
l'artillerie qui était son fief, et elle leur dit : Engagez-
vous !

Et les candidats subitement devinrent des conscrits.

Bertrand est incorporé à Poitiers, où il fait ses classes
comme canonnier. Bientôt, il est envoyé au camp
d'Avord (près Bourges), où se forme le groupe auquel
il va être attaché. Au printemps de 1915, il est prêt
à entrer en ligne, en véritable X, c'est-à-dire avec le
titre de sous-lieutenant d'artillerie.

C'est l'époque où, pour établir l'unité de front entre les alliés de l'Est et de l'Ouest, l'Angleterre, appuyée par la France, met à exécution son programme d'opérations militaires aux Dardanelles. Le 18 mars, les flottes essaient en vain de forcer la passe. Des pertes sensibles démontrent à l'amirauté anglaise, qui s'est adjugé la direction générale de l'entreprise, que l'armée de terre aura à jouer un rôle plus considérable qu'il n'était prévu. Le long couloir tortueux que forme le détroit, principale sauvegarde de Constantinople, est trop facile à défendre si les rives restent au pouvoir de l'ennemi turco-allemand.

Un débarquement s'impose.

Et tandis que des troupes anglaises, mais surtout australiennes et néo-zélandaises, — les fameux Anzacs —, se concentrent à Alexandrie, la France prend pied en plein pays de l'Iliade. Ayant rassemblé quinze mille hommes dans l'île de Lemnos, elle y fait ses préparatifs d'attaque et y organise une base solide.

Le 23 avril, dans un superbe élan, Anglais et Français se jettent sur les grèves de Seddul Bahr et de Gaba Tépé, et s'accrochant aux falaises, escaladant les ravins, s'installent sur quelques kilomètres de la terre de Gallipoli.

Puis la lutte se prolonge, acharnée de part et d'autre, avec une lente et très coûteuse progression.

En mai, d'Amade, épuisé, est relevé par Gouraud. En juin, Gouraud, blessé, remet son commandement à Bailloud. Enfin, dès septembre, tout espoir de conquête doit être abandonné. En octobre, la Bulgarie, malgré les attaches françaises de son roi, mobilise contre les Serbes, nos alliés, et appelle à son aide, pour écraser ce malheureux pays, les hordes austro-allemandes.

Un autre objectif, dès lors, remplace celui des Dardanelles, et Sarrail est envoyé à Salonique, où continueront de s'exercer, sur un autre théâtre, l'endurance et la ténacité de nos troupes d'Orient.

C'est dans cette campagne, ardue et peu rémunératrice, — comme le fut d'ailleurs pendant quatre ans la campagne de France —, que Paul Bertrand fit ses premières armes et révéla pour la première fois sa valeur de chef.

Le commandant de son groupe, — il est en ce moment, comme colonel, à la tête d'un de nos régiments d'artillerie —, a conçu pour lui, dès ces premiers débuts, une estime qu'il ne peut taire :

« Oui, j'avais pour le caractère de Paul Bertrand une admiration véritable — nous écrit ce connaisseur en hommes et en vertus militaires, qui porte encore de visibles et douloureux souvenirs de sa campagne d'Orient. — J'avais pu le juger aux Dardanelles où je l'avais eu sous mes ordres, et depuis, jusqu'à son mariage avec ma nièce, sa correspondance très fidèle (et que je regrette de n'avoir pas conservée) m'avait fait connaître à fond ses qualités d'intelligence, de cœur et surtout de foi.

« C'est au mois de février 1915 que j'ai formé au camp d'Avord un groupe pour les Dardanelles. Paul Bertrand était lieutenant à la batterie du capitaine Saintpère. A Marseille, je me suis embarqué avec cette batterie à bord de l'*Italie*, qui nous a transportés à Bizerte, puis à l'île de Lemnos, puis en Egypte, à Alexandrie, où. après trente jours à bord, nous avons enfin débarqué. Pendant ces trente jours d'intimité, j'ai pu très bien connaître le caractère de mes officiers. Intelligent, sympathique, gai, confiant, Paul Bertrand était excellent sous tous les rapports.

« A Alexandrie, où nous étions pour le jour de Pâques, communion pascale dans notre camp. Il est inutile de vous dire que Paul Bertrand n'y a pas manqué, après avoir contribué à la préparation du superbe autel sous les palmiers de Ramleh.

« A Alexandrie, nous nous sommes séparés. La batterie Saintpère a rejoint le groupe à Seddul-Bahr deux ou trois jours après notre débarquement. Paul Bertrand y passa sa première nuit couché dans un fourgon.

« Je me souviens très bien d'un petit détail qui le peint tout à fait. Pendant la nuit, nous avions reçu quelques obus qui étaient tombés tout près de nos voitures. Le lendemain, Paul nous avouait que ces obus l'avaient troublé. Il lui semblait qu'il avait eu peur, et il se promettait de tout faire pour réagir. Quel brave garçon ! Je l'ai vu à l'œuvre plusieurs fois depuis dans des circonstances difficiles et périlleuses : il était toujours calme et souriant.

« Une certaine nuit, sa batterie porte en avant, sur la crête, à quelques centaines de mètres des Turcs, deux pièces qui ont pour mission de tirer à vue directe dès le jour. Ces pièces sont en pleine vue. Elles sont prises à parti par des batteries turques et les obus pleuvent autour d'elles. Tout le personnel d'une des pièces est fauché. Pendant toute la journée, Paul Bertrand et ses hommes restent vaillamment et gaiement à leur poste et rien ne trouble la précision de leur tir.

« Blessé, j'ai dû quitter les Dardanelles, et je n'ai plus connu Paul que par ses lettres, jusqu'au jour où après avoir parlé de lui à mon frère, sans autre forme de procès, j'ai amené moi-même le jeune homme que j'ai présenté à ma nièce et à ses parents. Vous savez le reste... »

L'éloge descendit encore de plus haut.

Le 4 juillet 1915, une citation au Corps expéditionnaire, signée du général Bailloud, désignait à l'attention et à la considération de tous ce jeune et « très brave » officier de vingt ans, qui, « chargé d'une mission difficile en première ligne, a donné un bel exemple de sang-froid et d'énergie en exécutant des tirs très efficaces et est resté toute la journée sous un feu très violent ».

C'est aussi sur cette côte inhospitalière de Gallipoli que Paul Bertrand acquit sa première expérience des hommes — car on ne les connaît vraiment que quand on leur demande des sacrifices — et que, comme tous les bons chefs, il commença à les admirer.

Sans avoir de lettres de lui, écrites de ces champs de bataille, nous pouvons cependant savoir, et par lui-même, comment il concevait son rôle et comment il s'efforça de le rendre efficace.

Durant l'hiver 1920-1921, il fit à Lille, devant un groupe d'hommes et de jeunes gens dont un certain nombre étaient, comme lui, d'anciens officiers de la guerre, une causerie très remarquée, intitulée: « L'âme des chefs, l'âme de la troupe, l'âme de l'arrière. » Il y analysait, non pas des livres de guerre, comme il l'annonçait modestement dans son exorde, mais bien ce qu'il avait vu, entendu, compris et senti.

Ce document nous reste. Il mérite d'autant plus d'être analysé que, devenu ingénieur depuis peu, Paul Bertrand était préoccupé alors, comme nous le verrons, de faire régner dans les rapports quotidiens de l'usine entre dirigeants et ouvriers, quelque chose de ce qui lui avait tant plu dans la vie commune du front entre officiers et soldats.

Il se rappelle quel merveilleux esprit apportaient à leur tâche patriotique ces mobilisés du début.

« Tous ceux qui ont eu pendant la guerre le bonheur d'exercer un commandement quelconque, tous ont pu se rendre compte que la troupe, quelle que fût son origine, aussi bien des Flandres que de Provence, aussi bien les Normands que les Parisiens et les Lorrains que les Bretons, ne demandaient qu'à faire vaillamment leur devoir. Il suffisait pour cela qu'ils fussent commandés. »

Il évoque l'inoubliable levée en masse d'août 1914, à laquelle il a été mêlé, bien qu'il ne fût pas encore jugé apte alors à défendre utilement la France, et note avec émotion le sentiment unanime auquel « ont obéi tous ces hommes, de toutes conditions, de toutes régions, de toutes confessions et de toutes opinions. Les socialistes devaient saboter la mobilisation, et cependant, sans à-coups et sans graves incidents, cette formidable concentration des troupes s'effectua sur la frontière de l'Est. L'ennemi séculaire menaçait la patrie et allait s'efforcer d'écraser la France. Sous cette menace toutes les querelles intestines se calment. L'union sacrée met fin à la guerre religieuse qui, depuis trente ans, dévastait notre pays. En même temps, mûs par l'amour commun de la patrie, officiers et soldats, dans un enthousiasme indescriptible, quittent leurs femmes et leurs enfants, abandonnent leurs affaires et courent à la frontière.

« Les sentiments qui animent tous ces braves gens sont vraiment désintéressés ; ce n'est pas pour le plaisir de voir des régions nouvelles, ni dans la crainte du gendarme, qu'à l'appel des armes tous se précipitent vers la caserne et reprennent l'uniforme qu'ils croyaient avoir déposé à jamais.

« C'est dans ces premiers jours d'août et septembre 1914, où toute la population civile s'empresse dans les villages pour porter aux soldats fruits et boissons, où ceux qui partaient, écrivaient sur leurs portes : « Soldats français, prenez tout, ne laissez rien aux Allemands ! » c'est là qu'il faut voir l'âme de la troupe et l'âme de la France. »

Mais on ne vit pas d'enthousiasme.

« Le moral d'une troupe est quelque chose d'extrêmement délicat que le moindre incident peut complètement transformer, et qui est fonction d'éléments les plus divers : les événements du front ou de l'intérieur, l'arrivée du courrier ou des journaux, le jeu normal ou le retard des permissions, l'état de l'ordinaire ou du ravitaillement, tout a une influence sur le moral. Et pourtant c'est du niveau de ce moral qu'on peut conclure qu'une troupe marche à la victoire ou à la défaite. »

Et c'est ce que le chef ne peut jamais oublier, car c'est de lui que ce niveau dépend.

Le chef doit donc gagner la confiance de la troupe. Autrement, il n'est pas digne des galons qu'il porte.

Pour y parvenir, les méthodes varient, suivant les tempéraments. Tel affichera une rudesse, parfois cassante, et parfois grossière ; tel autre restera toujours poli et bienveillant. « Les deux types existent. Le premier représente plutôt le vieil officier de l'armée active, celui qu'on a l'habitude d'appeler une « vieille culotte de peau ». Dur au quartier et ayant accumulé sur lui les rancunes de bien des générations de soldats, mais en même temps très dur pour lui-même ; exigeant beaucoup de sa troupe, mais étant toujours là, le premier debout et le dernier couché, visitant le cantonnement à toute heure du jour ou de la nuit ; il a su dès le début de la guerre gagner par son endurance et sa ténacité l'admiration de sa troupe.

« Pourtant de combien est supérieur le second type d'officier, celui qui ressent tous les sentiments de ses soldats, qui comprend leurs souffrances, et sans être la dupe des « tire-au-flanc », sait que les forces humaines ont des limites, que l'homme de troupe a besoin de consolations dans son rude métier, et que l'indulgence n'est pas forcément une atteinte à la discipline. Celui-là, ce n'est pas l'admiration qui lui attache les hommes, c'est l'affection. Il aime ses hommes et par un juste retour il en est aimé. »

Il n'est d'ailleurs pas question d'être faible ou trop sensible. « Le chef pourra être sévère, pourvu qu'il soit juste, et sache tenir compte des circonstances atténuantes. Justice ne veut pas forcément dire : égalité dans le jugement. »

D'ailleurs quelle que soit l'allure extérieure adoptée, ce qui fait avant tout le chef, et ce qui le distingue de l'homme de troupe, c'est la conscience de sa responsabilité.

« Il détient une parcelle du commandement. Il a parfois à prendre des initiatives qui auront de lourdes répercussions tant sur sa troupe que sur les unités voisines. Il peut avoir même à sacrifier son unité quand la situation l'exige.

« Aussi jamais les considérations d'amour-propre ne doivent-elles guider ses actes. Les exemples sont très nombreux du devoir obscur et sans éclat, accompli au jour le jour, alors que les événements auraient peut-être permis au chef de tirer avantageusement parti des circonstances dans son propre intérêt. Dans telle attaque, un commandant d'unité a su réfréner l'ardeur impatiente de ses hommes, qui, voyant tout prêt, auraient voulu devancer l'heure prévue pour l'assaut. Ils eussent ainsi donné l'alarme à l'ennemi qui aurait déclenché son tir de barrage, et les unités voisines n'auraient pu déboucher sans de grosses pertes. Avec un peu d'adresse, cet officier se serait peut-être fait féliciter, et aurait recueilli des récompenses ; en réalité il aurait été cause de la mort de ceux qui auraient été surpris par le tir de barrage avant d'avoir traversé la zone battue. » Il a compris sa responsabilité, et a agi en chef au lieu d'agir en homme.

Egalement parce qu'il se sent responsable, « le chef ne doit pas hésiter quand il reçoit un ordre, à faire toutes les remarques qui peuvent se présenter à son esprit. Mais il doit ensuite s'incliner et faire exécuter.

« Il doit savoir prendre les responsabilités qui lui reviennent. Il doit donc commander et non pas se laisser ballotter par les événements, ni laisser régler tout le service par les sous-officiers. Un tel officier serait vite jugé, et le soldat ne le considérerait bientôt qu'avec mépris. Jamais il n'aura d'empire sur sa troupe. Les subalternes, quels qu'ils soient, ne demandent qu'à obéir, mais ils veulent être commandés, et l'autorité du chef sera toujours admise et entourée de respect, lorsqu'elle sera exercée par un homme en qui ils puissent avoir confiance. Tout ce qu'il commandera sera exécuté, et rien ne pourra les arrêter. »

Cela ne va pas, sans doute, sans imposer au chef une sévère discipline intérieure. Il ne maîtrisera les autres qu'à la condition de se dominer lui-même.

« L'officier a, en général, le souci de rester, aux yeux de sa troupe, l'homme impassible qu'aucun événement n'émeut.

« Alors même qu'il apprend les nouvelles les plus tristes, il sait refouler toute émotion pour rester complètement dans son rôle. Il considère comme de son devoir de ne pas troubler l'âme de ses soldats par sa douleur. Les exemples sont très nombreux d'officiers apprenant en pleine action, la mort d'êtres aimés et ne laissant transparaître aucune émotion. Ce stoïcisme est de mise chez un chef : il doit faire abstraction de ses sentiments personnels pour ne plus vivre que pour sa troupe et avec sa troupe.

« Il doit même paraître inaccessible à la fatigue.

« Alors que la troupe se repose, il doit pouvoir rester éveillé, s'assurer que tout est en ordre. Dans les heures de dépression, quand on bat en retraite par exemple, il doit s'efforcer de rester confiant et de communiquer sa foi à ses hommes, puisqu'on a dit à juste titre qu'une troupe qui a foi en la victoire est une troupe invincible. »

« Il ne faut pas se dissimuler cependant que l'homme de troupe subira d'autant plus facilement cet ascendant moral de l'officier, qu'il aura reconnu en lui une supériorité technique incontestable. C'est là un élément considérable du prestige. »

D'un côté comme de l'autre d'ailleurs, techniquement et moralement, les plus grandes capacités comme les plus grandes vertus seraient inefficaces si elles n'agissaient que de loin. « En temps de guerre les moyens ne manquent pas pour avoir rapidement sa troupe en main ; mais d'abord et avant tout, l'activité et l'exemple. On ne doit pas oublier ce précepte, si justement inscrit dans nos règlements militaires, et qui trouve aussi son application dans la vie civile : « Commander ne consiste pas seulement à donner des ordres, mais encore à s'assurer de leur exécution. » Or le vrai moyen pour cela, c'est d'être là, souvent au milieu de sa troupe, et de travailler beaucoup par soi-même. »

C'est d'ailleurs cette présence, et la nécessité constante de cet exemple qui armeront le chef contre toute défaillance. « Comme malgré lui, le chef, quel qu'il soit, arrivera rapidement à un absolu mépris du danger, et *je sais que*, tandis que seuls ils seraient peut-être un peu plus prudents, certains officiers au milieu de leur troupe n'hésitent pas devant les balles et sous la mitrailleuse. Et lorsque, enflammés par cet exemple, les hommes imiteront la conduite de leurs chefs, ils seront les premiers à leur faire prendre les précautions utiles.

« C'est là qu'on se rend compte qu'une troupe constitue bien vraiment une unité, et que cette unité possède une âme collective, ce qu'on a appelé l'esprit de corps. C'est très souvent le résultat de la présence d'un chef, qui a su gagner l'admiration, la confiance et l'affection de ses hommes. Les bombardements intenses qui impressionnent, lorsqu'on se sent seul au milieu d'une troupe qui vous est étrangère, deviennent dans une troupe unie l'occasion de plaisanteries et de rires qui parfois sonnent faux, mais empêchent tout de même de penser uniquement à la menace de mort. Et c'est tellement vrai que ce n'est pas dans les unités les plus éprouvées qu'on a vu appliquer avec le plus d'ardeur le système D pour revenir à l'arrière. Nombreux au contraire ont été les blessés ou les malades sortant de l'hôpital, qui s'efforçaient de rejoindre leur ancienne troupe, à laquelle ils étaient liés sans doute par la camaraderie, mais surtout par le prestige de leurs officiers.

« On peut dire, je crois, à part de rares exceptions, qu'une troupe ne vaut que par son chef et marche comme son chef la conduit. »

Ces pages, — dont nous n'avons donné qu'un résumé —, nous semblent éclairer l'attitude qu'eut Paul Bertrand au milieu de sa troupe, mieux que n'eut pu faire un journal de campagne.

Ses habitudes de précision scientifique, et la sobriété ordinaire de sa littérature, non moins que son incomparable droiture, et aussi l'accent tout personnel de bien des passages, nous autorisent à lire entre les lignes les faits de tous les jours qui ont dessiné en sa personne le portrait du vrai chef, avant de le mettre à même de le tracer par écrit. Nous sentons que cette conférence, avant d'être pensée, a été vécue.

N'est-ce pas ce qu'affirment les multiples citations dont il fut titulaire par la suite ?

Il a le droit de réclamer du chef la réflexion et le sens des responsabilités, car on reconnaît officiellement en lui « un jeune officier d'une intelligence, d'un dévouement et d'un jugement parfaitement développés pour son âge. » A ce moment, le 3 décembre 1916, il n'a pas vingt-deux ans.

Il peut demander que le chef n'hésite pas à payer de sa personne, et qu'il témoigne d'une vraie science militaire et d'une activité toujours en éveil. Car on le proclame une autre fois un « brillant officier d'une éclatante bravoure et d'une compétence remarquable ». Et ses exploits, qu'il a lui-même oublié de noter pour la postérité, sont détaillés d'une façon presque insolite dans les ordres du jour qui parlent de lui.

« S'étant trouvé le plus ancien officier adjoint au colonel commandant l'artillerie divisionnaire, au cours de journées de combat pénibles, a su assurer son service d'une façon parfaite, faisant avec entrain sous le feu de nombreuses reconnaissances dans les lignes avancées et auprès des batteries. » (Citation du 3 décembre 1916. — Signé : Leblois, Armée de Salonique.) — « Fortement atteint par les gaz à la suite d'un tir à obus toxiques subi par sa batterie, et y voyant à peine, est resté sur sa position durant toute la journée ; et, sous un nouveau bombardement de plusieurs heures, a, malgré son état, constamment parcouru la position, assurant les tirs et aidant à dégager les hommes ensevelis ; n'a consenti à prendre du repos qu'à vingt-deux heures, alors que son personnel était en sécurité ; a dû être évacué le lendemain. » (Citation du 30 mars 1918. — Signé : Berdoulat.) — « Le 15 juillet 1918, à Château-Thierry, soumis en pleine nuit, sur une position de batterie nouvellement occupée, n'offrant pas d'abri, à un bombardement violent et précis, a continué, malgré les pertes, à faire exécuter sans arrêt tous les tirs qui lui ont été commandés. » (Citation du 27 novembre 1918. — 6ᵉ Groupe : 120ᵉ régiment d'artillerie lourde. — Signé : Guillemin.)

Enfin Paul Bertrand n'est pas suspect d'optimisme exagéré, quand il décrit les résultats merveilleux obtenus par un vrai chef. Car une de ses citations dit encore : « Par l'exemple d'un courage et d'un entrain magnifiques, dans toutes les situations, maintient un moral superbe chez son personnel *auquel il peut tout demander.* » (27 décembre 1918.)

Il avait vraiment le droit de parler de l'âme du

chef, lui qui avait été chef, « dans **toutes les situa-tions** », si splendidement, lui que l'*Officiel* du 3 mars 1921, en promulgant sa nomination de chevalier de la Légion d'honneur, appellera tout simplement, nous savons maintenant avec quelle plénitude de sens, un « officier d'élite ».

*
* *

Si intéressante que soit, quand il s'agit d'une âme de cette valeur, l'histoire par le dedans, notre curiosité n'est cependant qu'incomplètement satisfaite. Et nous aimerions savoir quelles sont ces situations variées où se manifestèrent de si nobles qualités.

Nous l'avons quitté aux Dardanelles, au moment où l'expédition se terminait sans résultat.

Il souffrait alors de douleurs d'appendicite qui le firent évacuer en France (août 1915) et envoyer, pour être opéré, à la grande ambulance méditerranéenne du *Mont des Oiseaux*, proche d'Hyères, — là même où Paul Bourget place la scène du sombre drame de guerre, qu'il a appelé *Lazarine*.

Il n'y resta que vingt jours.

Ce fut assez pour observer ce milieu nouveau, ce peuple de blessés et de convalescents, parmi lesquels circulent, mettant de la lumière dans ces vies ternes et de la patience dans ces douleurs, des essaims gracieux et dévoués d'infirmières. Il a senti, — et redira plus tard avec gratitude —, le rôle délicat et bienfaisant qui appartient à la femme, et que tant de Françaises ont si courageusement rempli, pour dissiper lassitudes et découragements, calmer les énervements, adoucir les cruelles souffrances.

« Après toutes les légendes fantaisistes, écrira-t-il, qui ont circulé sur la vie des infirmières, — fondées fort heureusement sur des cas isolés —, il y a lieu d'admirer cette vie de dévouement et d'abnégation menée par des jeunes filles et des femmes qui venaient avec le seul but de procurer des soins aux malades et aux blessés. C'est grâce à elles, à leur conduite charitable et désintéressée que de nombreux hôpitaux ont pu être organisés et que tant de blessés ont retrouvé rapidement des forces, pour retourner faire vaillamment leur devoir. »

Quant à lui, libéré du Mont des Oiseaux, c'est encore en Orient qu'il retournera faire le sien.

La base de Salonique s'est fortement constituée durant l'hiver et le printemps de 1916, grâce à l'armée serbe à laquelle la France a rendu des armes et l'espoir, et aux autres contingents considérables obtenus de tous les alliés.

Sarrail dispose de trois cent mille hommes. Le 20 août, il se décide à prendre l'offensive.

D'âpres combats se livrent, en terrain montagneux, contre la ténacité bulgare et l'organisation allemande. Enfin, le 18 septembre, les Français s'emparent de Florina et le 19 décembre, ils réintègrent les Serbes dans la première de leurs villes reconquises, Monastir.

Paul Bertrand fut de ces victorieux.

C'est au moment de ces derniers succès, le 3 décembre 1916, nous l'avons vu, que son nom parut pour la seconde fois à l'ordre du jour.

Une accalmie suivit. Notre sous-lieutenant fut alors rappelé en France et envoyé, pour sa période d'instruction réglementaire, à Fontainebleau.

La période terminée par l'obtention du deuxième galon (15 mars 1917), on jugea sans doute qu'il avait non seulement de quoi être un chef, mais même de quoi en former d'autres, et on le retint quelque temps comme instructeur.

Ce fut encore une expérience dont il ne manqua pas de profiter.

Il avait vu d'assez près la vie du soldat en campagne

pour pouvoir juger la manière dont elle est appréciée, — dont elle est méconnue — à l'arrière.

Et, comme toujours, il en cherche les causes.

« D'abord, écrit-il (1), l'arrière a eu l'esprit intoxiqué par toutes les publications qui ont montré le front sous un jour épique. Seules, les journées de combat et de victoire semblent compter. Les plus nombreuses pourtant sont celles où le soldat est aux prises avec le froid, le vent, la boue. Etre dans un secteur calme apparaît presque aux yeux des gens de l'arrière comme un bon repos pris dans une chambre bien chauffée.

« Cette erreur est due, non seulement à la littérature, mais encore aux histoires racontées par les permissionnaires. Beaucoup, à les entendre, ont fait des choses extraordinaires. Où ce besoin de se faire mousser est le plus sensible, ce n'est pas chez ceux qui, dans les unités combattantes, ont fait vaillamment leur devoir, et qui savent ce que coûte déjà la vie ordinaire du front, et qu'il n'est pas nécessaire, dans un assaut, d'avoir pris soi-même une mitrailleuse et fait prisonniers les servants pour être à la hauteur de sa tâche. Au contraire, très souvent, le planton du colonel, le planton du vaguemestre, qui ne paraissent pas dans les tranchées, deviennent à l'arrière des foudres de guerre et tirent à eux toutes les sympathies. »

Le jeune instructeur de Fontainebleau n'a pas dû manquer de mettre en garde ses élèves contre la fièvre épique en leur rappelant, comme il l'écrivait plus tard, que, « pour les officiers, il y aura souvent plus de mérite à ranimer les courages et à chasser l'ennui des troupiers durant une période de repos, qu'à entraîner sa troupe derrière lui dans un assaut

____

(1) Conférence déjà citée : L'âme des chefs et l'âme de la troupe.

irrésistible, ou à faire exécuter sans interruption des tirs par sa batterie dans un secteur agité, l'ennui étant plus démoralisant encore pour la troupe que la fatigue ».

Il constate aussi à l'arrière un autre esprit, en apparence opposé à l'esprit de gloriole dont nous venons de parler, mais prompt à lui succéder avec la facilité que l'on a en France de passer d'un extrême à l'autre.

Il voit se répandre, avec d'équivoques, mais puissants encouragements, des livres, « écrits dans un esprit de dénigrement de l'armée, et avec le seul souci, — c'est toujours Bertrand que nous citons —, de faire voir à l'arrière la vie des troupes combattantes comme une vie sans âme et sans idéal, une vie de dégoût, où seul l'homme de troupe fait son devoir, par habitude, par bêtise et sans rien comprendre de ce qui se passe, tandis que l'officier profite de l'ignorance de ses subordonnés et n'a d'autre souci que de se mettre à l'abri et de jouir des avantages de sa situation. Telle est l'orientation de certains ouvrages qui, comme *Le Feu* de Barbusse, ne tendaient qu'à démoraliser la troupe et à produire, à l'arrière comme à l'avant, ces crises de lassitude d'où sortirent peut-être en grande partie les mutineries de 1917. Car ils s'efforçaient d'enlever à la troupe la confiance dans leurs chefs et à tous la foi en la victoire : deux crimes qui, dès cette année-là, auraient dû conduire Barbusse au conseil de guerre » !

Paul Bertrand, durant ce séjour à proximité de la capitale, put constater aussi combien la soif de plaisir sévissait, même en pleine guerre.

Il note, avec une nuance qui nous étonnerait bien un peu, si nous ne savions combien il avait en horreur toute déclamation, même vertueuse : « Certains ont prétendu qu'il y avait une espèce d'impiété dans les amusements de ceux qui voulaient la gaieté pendant que les autres se faisaient tuer et que tant de

deuils désolaient les familles. Et je crois qu'effectivement, il y avait là des manifestations de joie qui
auraient pu attendre pour se faire jour que les dangers dont la patrie était menacée eussent été écartés. »

On sent que ce n'est pas la gaieté qui le froisse. Il
la sait si précieuse comme élément de courage. Il
l'aimait tant au front, où tous ceux qui l'ont connu
s'accordent pour louer son « inaltérable bonne
humeur ».

Même quand il la voit déparée et défigurée par les
façons grossières et parfois répugnantes dont elle
s'exprime. il hésite à faire chorus avec les austères
censeurs. qui voudraient voir tout le pays vivre des
années entières dans le recueillement et dans un
sombre deuil.

Ce qu'il flétrit, c'est l'insouciance des embusqués.
« Pour l'homme de troupe, savoir que, tandis qu'il
se bat, tandis qu'il vit presque enlisé dans la boue,
d'autres, sans aucune incapacité physique qui les
excuse, sont à l'arrière et vivent largement auprès de
leurs femmes et de leurs enfants, cela il ne l'admettra
jamais. Pour l'ouvrier de la campagne, l'ouvrier des
usines sera toujours celui qui n'a pas fait la guerre,
mais qui a profité de la guerre. C'est sur lui qu'il
rejette le scandale des plaisirs insolents qui, à l'arrière, avaient une si grande clientèle, pendant qu'au
front les soldats souffraient et mouraient. »

Nous pouvons entendre dans tout cela un écho, non
pas peut-être de l'enseignement donné par Paul Bertrand à Fontainebleau. — il était de nature plus stric-
tement technique —. mais de la formation qu'il ne
se croyait sûrement pas dispensé d'y ajouter, et que
la sympathie. dont il fut entouré partout, devait faire
si volontiers accepter.

*
* *

L'année 1918 lui apporte enfin une affectation plus conforme à son impatience d'agir.

La dernière année de la guerre, — que tous, les Allemands plus encore que nous, souhaitaient ardemment être telle — s'annonçait particulièrement dure, non seulement parce qu'il fallait enfin forcer une décision qui se dérobait toujours, mais parce que nous avions à attendre de la part de l'ennemi une concentration formidable d'effectifs sur notre front.

En Russie, la chute de Kerenski et l'avènement de Lénine avaient eu pour conséquences l'armistice du 13 décembre 1917, prélude du traité de Brest-Litovsk.

C'était la trahison bolcheviste.

Soixante-quatre divisions allemandes accouraient en France à la rescousse et assuraient momentanément à Ludendorff une supériorité numérique dont il saurait se servir.

Chez nous, depuis des mois, les grands chefs, avertis, par les oscillations du patriotisme après avril 1917, qu'il s'était fait çà et là dans la troupe une troublante fermentation d'idées, appliquaient méthodiquement, sous la direction incomparable de Pétain, les remèdes propres à réveiller l'âme de générosité du soldat français. En même temps, les préparatifs de la suprême défensive prévue et de l'offensive nécessaire qui suivrait, étaient puissamment poussés, en renforçant notre outillage — ou en le créant — en fait de grosse artillerie, d'avions et de chars de combat.

Et le 13 novembre, à la place des Painlevé et des Malvy, arrivait au pouvoir l'homme à poigne qui saurait répondre à ceux qui lui demanderaient son programme : « Je fais la guerre. »

Le pouvoir civil, avec Clemenceau, allait enfin garantir à l'autorité militaire, d'ailleurs en mains sûres, son indispensable liberté. Et bientôt, la nomination de Foch comme généralissime des armées alliées. lui donnerait sa victorieuse unité.

De cet effort suprême, le lieutenant Paul Bertrand allait avoir sa part.

Au service de la France depuis trois ans, il aurait enfin la fière joie de défendre directement le sol français.

Il est affecté, le 1er janvier 1918, au 12e groupe du 104e d'artillerie lourde, qui se constituait alors à Arcis-sur-Aube, dans son département natal, et qui allait devenir, le 10 mars. le 6e groupe du 120e R.A.L.

Il y reçoit le commandement de la 17e batterie.

Comme pour réparer le temps perdu loin de France, il va parcourir avec sa « lourde » presque tous les secteurs célèbres du front.

En ce printemps de 1918, il n'y a plus rien de stable. Cette ligne de positions, depuis si longtemps désespérément rigide. craque de toutes parts. L'imprévu règne. On vit dans une atmosphère de surprise. Ce n'est plus l'endurance qu'il faut, c'est la promptitude. c'est-à-dire une autre forme, — bien plus française peut-être —. de l'obéissance. Mais aussi quelle cohésion psychologique cela exige entre chefs et soldats ! Comme le régime de la crainte y ferait faillite ! Et qu'il importait, en de telles occurrences, suivant un vieux mot du Moyen Age, auquel Pétain depuis huit mois travaillait à rendre de l'actualité, que la troupe « obéît d'amitié » !

C'est dire qu'il fallait comme chefs beaucoup de Paul Bertrand.

Celui-ci fut d'abord, avec son groupe, dirigé sur Verdun. Il dut en approcher à peu près comme les chrétiens à Rome s'approchent du Colisée...

Son groupe vient occuper pendant les nuits des 26, 27 et 28 février, — l'anniversaire des terribles jour-

nées de 1916 —, les environs de Bras, de Froideterre
et de Louvemont. Du 2 au 8 mars, il attaque énergiquement les batteries allemandes, mais, bientôt
repéré, est lui-même soumis à un marmitage intensif.

« Le 14 mars — je cite la brochure intitulée *Historique du 6ᵉ groupe du 120ᵉ R.A.L.* (39ᵉ *division,
XXᵉ corps*) (1) —, le 14 mars, à une heure du matin,
la 17ᵉ batterie fait savoir qu'une grande partie de son
personnel est pris de larmoiements et de vomissements
dus aux bombardements ennemis avec obus spéciaux.
A 9 heures, dix-sept hommes de la batterie sont
évacués. Tout le reste du personnel est également
touché par les gaz : dix-huit paraissent gravement
atteints.

« A 13 heures, un bombardement par obus de
210 reprend sur la 17ᵉ batterie. Deux sous-officiers,
les maréchaux des logis Aléonard et Prunier, sont
enterrés dans un abri défoncé par un obus.

« A cette occasion, un bel exemple de sang-froid et
de courage est donné par le lieutenant Bertrand, commandant la batterie.

« En dépit du tir d'efficacité extrêmement précis
et violent, le lieutenant Bertrand se porte à découvert
au secours de ses deux sous-officiers, qu'il arrive à
déterrer. Un servant, le canonnier Boyer, projeté en
l'air par l'éclatement d'un obus, est relevé grièvement blessé. Le tir ennemi s'étend peu après sur
toute la zone du groupe et ne se ralentit qu'à la nuit.

« Le 15 mars, le lieutenant Bertrand, trop gravement atteint par les gaz, doit être évacué, malgré le
désir exprimé de rester sur ses positions. Il en est de
même pour tout le personnel restant de la batterie. »

Dès le 22 on le retrouve en ligne.

Eprouva-t-il personnellement ce qu'il notait plus

---

(1) Paris, Berger-Levrault.

tard : que lorsqu'on a été une fois touché, on perd la belle confiance que l'on avait d'abord en son invulnérabilité et l'on redevient plus accessible à l'émotion? N'est-ce pas plutôt par expérience qu'il pouvait ajouter : « Il y a des exceptions, ce sont ceux qui délibérément ont fait le sacrifice complet de leur personne à la patrie, en y joignant le plus souvent une grande confiance en Dieu. Ceux-là voient arriver avec le sourire sur les lèvres la mort qui les conduira dans la patrie. Ils n'ont rien à craindre. Ils sont prêts (1). »

Paul Bertrand reprend pour huit jours le grand duel d'artillerie de Verdun. Le 30 mars, à huit heures, son groupe est ramené en arrière vers Sermaize-les-Bains pour y prendre quelque repos.

C'est au milieu des multiples activités du cantonnement que le lieutenant Bertrand et le lieutenant Le Guyon reçoivent la Croix de guerre.

Nous sommes au début d'avril. Or, le 9, les Allemands exécutent en Flandre leur seconde tentative de percée. Ils n'ont pas pu avoir Amiens et Abbeville, Ils veulent maintenant Hazebrouck et Calais.

Le 10 et le 11, les Anglais reculent, découvrant Ypres, qu'ils renoncent à défendre, et désespérant même de pouvoir s'accrocher au massif des monts de Flandre.

Mais Foch a, cette fois, les affaires en main. Et lui ne désespère jamais. Comme à Montdidier, les Français débarquent au Kemmel au moment critique. Le Kemmel ne sera pas dépassé.

Le 6e groupe du 120e R.A.L. arrive en Belgique le 18 avril. Il y prend part à la défense obstinée de ce coin de terre flamande, que les Allemands, depuis 1914, veulent acheter à n'importe quel prix, et qu'ils n'auront jamais.

____

(1) Conférence sur : *L'âme des chefs...*

Le groupe soutint sa réputation déjà bien établie :
« Retiré d'un secteur légendaire (1), où il avait subi
de lourdes pertes sous le bombardement — dit une
citation collective du général de Mitry — et complété
en quelques jours avec de nouvelles recrues auxquelles
il a su imposer de suite son moral et ses traditions,
ce groupe s'est signalé, au cours des dernières opérations, par un allant exceptionnel qui a provoqué
l'admiration et lui a acquis l'entière confiance de
l'infanterie. Lancé en pleine mêlée, il a contribué par
des tirs ininterrompus de jour et de nuit, malgré des
pertes sévères et des fatigues écrasantes, à rétablir
une situation difficile, à contenir des forces très supé-
rieures et à reprendre à l'ennemi une partie du terrain perdu. »

Encore une porte décidément fermée à l'invasion ;
sans tarder, elle en enfonce une autre. Calais est
inaccessible, elle se rabattra sur Paris.

Les 27, 28, 29 mai, le cyclone allemand se déchaîne
de l'Aisne à la Marne. « Les Français, dit Madelin,
paraîtront le 30 au fond de l'abîme et l'Entente avec
eux. »

Mais chefs et soldats ont la volonté de vaincre che-
villée à l'âme. L'artillerie lourde devient d'une mobi-
lité invraisemblable, non pour se dérober à un ennemi
dont l'avance est foudroyante, mais pour dresser
devant lui continuellement de nouveaux barrages. Et
le 6ᵉ groupe fait des prodiges.

Ecoutons, sur Paul Bertrand, un capitaine qui com-
manda durant cette période la batterie voisine de la
sienne :

« Après un court repos, on nous envoie au secours
du front de l'Aisne qui vient d'être crevé.

---

(1) Verdun.

« C'est à ce moment que j'ai commencé à connaître Bertrand plus intimement, car la veille du jour où nous sommes entrés en lice dans cette mémorable retraite de l'Aisne, j'ai pris le commandement d'une des batteries de ce groupe lourd. Pendant une vingtaine de jours, nous avons vécu ensemble les émotions de cette lutte menée contre l'envahisseur qui se ruait sur Paris : guerre de mouvement continuel où le 155 changeait ses positions de batterie plusieurs fois par jour ; lutte traîtresse où l'ennemi nous tournait continuellement par notre droite, à tel point que le premier jour de notre entrée dans la bataille, notre commandant de groupe et presque tout son état-major ont été faits prisonniers en allant reconnaître une position de repli derrière nous.

« Ce soir-là, Bertrand, pour redonner du moral à notre infanterie, n'a pas hésité à mettre ses 155 en batterie en pleine nuit, malgré toutes les difficultés d'une telle opération, et, s'orientant sur l'étoile polaire, a pu — rare représentant de l'artillerie française sur ce front dans cette nuit difficile pour nos armes — faire comprendre aux Boches que nous avions la volonté de tenir et, d'autre part, soutenir l'énergie de nos troupes, qui aimaient tant, en pareils moments, entendre la voix puissante du camarade artilleur protégeant leurs mouvements (1). »

Ceci n'est pas une citation, c'est le récit d'un témoin. Mais il dit assez que, indépendamment des éloges nominatifs que lui décernèrent — nous l'avons vu — plusieurs ordres du jour de cette année 1918, Paul Bertrand mérite une part de choix dans la seconde citation du 6ᵉ groupe, où sont précisément glorifiés des exploits de cet ordre :

---

(1) Lettre du capitaine B..., 12 août 1925.

« Au cours des opérations ayant amené l'arrêt de l'offensive allemande, ce groupe s'est surpassé en aidant son infanterie à soutenir pied à pied la ruée des masses ennemies. Il a montré, en rase campagne, une aptitude manœuvrière égale aux qualités exceptionnelles qu'il avait révélées dans la guerre de position.

« Toujours attentif à suivre de près son infanterie, il n'a déplacé ses batteries qu'à la dernière extrémité, ne se résignant au repli qu'à la demande des fractions qui le protégeaient, se dégageant à la mitrailleuse et amenant fréquemment les canons à bras. Au cours de très nombreux changements de position, il a réussi à remplir chaque fois juqu'au bout sa périlleuse mission, malgré des pertes sévères et une extrême pénurie de cadres, grâce à de nombreuses initiatives individuelles, véritables traits d'héroïsme et de dévouement. »

Paul Bertrand sera donc de toutes les heures critiques. Et toujours à l'aise, simple et joyeux, l'âme bien plus haut que le danger : « Le courage et la bonne humeur de Bertrand, dit encore son ami dans la même lettre, ne se sont jamais démentis un instant. Ils avaient leur source dans une vertu morale et une piété de trempe supérieure. C'était toujours lui qui, le dimanche, dénichait le lieu d'une messe dans le voisinage des batteries et m'y entraînait. »

Ce sont là des choses dont les citations ne parlent pas, mais qui expliquent, comme une cause son effet, ce dont elles parlent.

Or, dans une heure si critique, rien n'était de trop en fait de vertus. Heureuse l'armée qui avait de tels chrétiens, là où il fallait de tels braves !

Le succès même fut fatal aux Allemands, et ce fut leur avance qui les perdit.

Le 14 juillet, à minuit, tonne le premier coup de

cette attaque attendue et désirée, qui va les jeter dans nos pièges. En l'entendant, Gouraud dut avoir un sursaut de joie : « Enfin ! nous les avons ! »

Et cette joie, vite communiquée de haut en bas, fructifie en prouesses nouvelles.

« La 17e batterie, qui vient de changer de position et n'a que des abris légers, dit *l'Historique* déjà cité. se trouve prise dès le début sous un tir d'une très grande violence. Sous le feu, malgré les pertes (onze blessés grièvement), dans cette lueur rouge des arrivées et des départs ininterrompus, la batterie remplit ses missions de contre-préparation, grâce à l'héroïsme de tous. Le lieutenant Bertrand et le sous-lieutenant Lévy, légèrement blessé dès le début, donnent l'exemple.

« Le ravitaillement des batteries en munitions se heurte aux plus grosses difficultés. Toutes les routes, les pistes, les carrefours sont battus violemment. Malgré tout, les conducteurs arrivent. Au matin, les routes et les chemins conduisant aux positions, la veille encore indemnes, apparaissent sous un jour tragique, défoncés par les entonnoirs énormes des 210 et jalonnés de cadavres de chevaux, de caissons éventrés, de camions automobiles renversés dans les fossés ou dans les trous d'obus. Le bombardement continue, et dans les deux sens, les caissons roulent toujours.

« Un peu après le lever du jour, les renseignements arrivent et on sait déjà que l'ennemi n'a pu déboucher devant nous...

« Le 18 juillet, notre contre-attaque déroute l'ennemi. Nos batteries appuient énergiquement notre infanterie, et la poursuite commence ! »

Le 6e groupe avait bien mérité de voir s'ajouter sur son fanion, à ses autres titres de gloire : Verdun, Kemmel, Aisne, le nom de Château-Thierry.

Il aurait fallu pouvoir y ajouter encore ce mot prestigieux : Poursuite ! De quelle allure et de quel cœur elle fut menée !

Les ponts manquent partout. On en improvise, et, au prix d'incidents variés, tout passe et on talonne le Boche. Et nos villages et nos villes, enfin, respirent librement l'air de France !

Cette poursuite s'inscrira au fanion du groupe sous le nom de Saint-Mihiel. Abattre ce promontoire ennemi fut en effet une de ses joyeuses besognes. Le capitaine B..., que nous avons déjà cité, la note avec une allègre brièveté : « Attaque près de Saint-Mihiel, à côté des Américains. Poursuite ; et on vide la poche. »

Tout allait en effet si vite dans ce magnifique automne, qu'avait préparé et mérité le terrible printemps!

Enfin l'armistice les arrête prêts à déboucher en Lorraine.

Le 18 novembre, ils n'entreront pas moins en vainqueurs à Metz. Paul Bertrand vivra cette incomparable journée. Avec sa chère 17e batterie, qu'il avait tant de fois conduite au sacrifice, et à laquelle, suivant les termes de l'éloge officiel, « il pouvait tout demander », il défilera dans les rangs du 6e groupe, sous les ordres de Mangin, au milieu de l'enthousiasme de la cité Lorraine, qui attendait cette heure depuis quarante-huit ans.

*
* *

La guerre est terminée. Cette rude école de vertus viriles va transmettre à la paix qui lui succède un riche héritage de caractères éprouvés.

Et l'on reconnaîtra, sous les dehors banals du civil, et au milieu des vulgaires conflits d'intérêts qui vont reprendre, quelques-uns au moins, — pourquoi faut-il qu'ils soient devenus presque rares ? — quelques-uns de ceux qui avaient appris à conduire les hommes à leur devoir, et avaient connu la haute fierté d'y réussir.

De ces souvenirs, Paul Bertrand ne parlera jamais, sauf sous une forme impersonnelle comme dans la conférence que nous avons largement citée.

Mais il s'en inspirera toujours.

La guerre, telle qu'il l'avait comprise et telle qu'il l'avait faite, — et nous savons maintenant combien il aurait pu se vanter de l'avoir faite ! — lui avait révélé tant de choses sur lui-même et sur les autres, sur les vraies et les fausses valeurs humaines, sur ce que c'est que l'influence, et combien puissante elle peut être, sur ce que c'est que l'autorité, et quel doigté, surtout quelle âme elle exige ! Tout cela avait été si lumineusement aperçu, si méthodiquement pensé et classé, si passionnément vécu, que l'homme entier s'en était trouvé imprégné, transformé, complété.

La guerre a été vraiment pour lui une éducation, périlleuse mais d'autant plus stimulante. Beaucoup d'autres l'ont reçue comme lui et avec fruit, mais en sont morts. Lui, Dieu l'a préservé pour qu'il en témoigne et qu'il en vive, et qu'il y ait encore par le monde quelques chevaliers.

CHAPITRE III

LA FORMATION
DE L'INGENIEUR CATHOLIQUE

———

Entrée à l'Ecole polytechnique. — Le Quartier Lhomond. —
Joyeux camarade. — Goût profond pour les sciences. —
Promenades artistiques avec M. Umbdenstock. — Le mou-
vement religieux à l'X. — Ses origines. — Les Conférences
X. — Les Pâques à Saint-Etienne-du-Mont. — Comment
Paul Bertrand y fut mêlé. — Sa retraite de Clamart (15-
17 août 1919). — Le mouvement s'étend en province. —
A Lille sous l'impulsion de Paul. — L'opposition sectaire.

Au lendemain de l'armistice du 11 novembre 1918,
et des « heures merveilleuses » que vécurent alors non
seulement l'Alsace et la Lorraine, et ceux qui y entrèrent en libérateurs, mais aussi Paris, et toute la
France, la montagne Sainte-Geneviève vit arriver, dans
ses vieilles rues étroites et dans ses Ecoles illustres,
une jeunesse d'allure et de mine assez nouvelle.

Ils arrivaient, non des salles d'études surchauffées, la
tête bourrée de formules et les mains blanches de
craie, mais de tous les champs de bataille, la joie de la
victoire dans les yeux, et sur les bras leurs galons de
lieutenants et de capitaines, dangereusement et souvent douloureusement achetés.

Ils avaient une longue expérience de la vie, car les
années de campagne mûrissent vite les hommes, et l'habitude des responsabilités virilement portées avait
mis du caractère sur leurs traits.

Et pourtant ils se pressaient docilement, ces officiers de vingt-cinq ans, aux portes qu'ils auraient dû franchir cinq ans plus tôt, et derrière lesquelles les attendaient une science austère, et de sédentaires labeurs.

L'Ecole Polytechnique compta ses effectifs.

De ses admissibles de 1914, dont la guerre avait interrompu les examens en cours, quatre-vingt trois avaient donné leur sang pour la France. La promotion réduite aux quatre cinquièmes, ne fut pas jugée excessive pour refaire les cadres fortement ébréchés (1). Les trois cent trente-cinq survivants entrèrent sans autre formalité. Leurs états de service valaient bien un oral.

Le régime de l'Ecole se fit, pour ces vétérans, large et tolérant. Ce ne pouvait plus être pour eux une caserne; ce fut une Faculté. Ils avaient licence d'habiter en ville, et de travailler à leur guise, en venant simplement suivre les cours — les « amphis » — et passer les examens. Encore n'était-on pas très strict pour la régularité, et les « amphis » prirent rapidement, aux yeux de certains, un caractère facultatif.

Paul Bertrand, chez qui le goût du travail de l'esprit n'était nullement oblitéré, retrouva à ses chères sciences d'autrefois une mine assez avenante, et se reprit à les aimer avec passion.

Il prit ses quartiers à l'X même, en acceptant l'hospitalité qu'elle offrait aux officiers ses élèves dans l'ancienne Ecole Sainte-Geneviève — « les Postes » —, que le gouvernement, avec une générosité dont d'autres faisaient les frais, lui avait récemment annexée. Il se plia à la vie de chambrée, — de « caser » —, de salle d'étude et de réfectoire, pour laquelle son heureux caractère et sa joyeuse humeur n'avaient pas d'invinci-

---

(1) Les promotions les plus éprouvées par la guerre avaient été celles de 1911 et 1910, la première avec 25 °/₀ de pertes, la seconde avec 23,5 °/₀.

ble répugnance. Interne à ce point de vue, il gardait cependant toute sa liberté de sortir à son gré.

Les conférences et les manipulations se faisant rue Descartes, il en résultait une série d'allées et venues qui variaient un peu les perspectives. Il sut bien vite qu'outre le Panthéon, l'Ecole de Droit et le lycée Henri IV, on trouvait sur le chemin l'église Saint-Etienne-du-Mont, qui n'allait pas tarder à prendre très au sérieux son rôle de paroisse des X.

Des autres attirances du quartier latin, — malgré la « vague de plaisir » qui roulait alors tant de jeunes vies, lasses d'être héroïques —, il n'eut guère le temps ni le goût de s'apercevoir. Trois ans après, un de ses amis intimes de l'Ecole, marié depuis peu et le sachant près de l'imiter, pourra lui parler de ce que c'est que la vie conjugale pour « le jeune homme qui a conservé pures toutes ses puissances d'aimer, et qui a jalousement gardé sa virginité, pour l'offrir un jour à Dieu et à celle que Dieu lui envoie (1). » Et l'on sent qu'une communauté parfaite de principes sur ce sujet rendait tout naturel cet aspect de la question.

Personne n'eut jamais d'ailleurs la vertu moins chagrine.

Très enjoué, voire très caustique, maniant très agréablement l'ironie, impossible à assombrir ou à irriter, il s'amusait volontiers comme les plus jeunes, aux facéties traditionnelles de l'Ecole, sachant que le rire est sain, et nécessaire aux esprits habituellement tendus.

Il n'est pas jusqu'aux cours de danse, où, malgré le peu d'usage qu'il comptait faire de cet art, il ne se soit gaiement prêté.

Ce fut même là qu'il rencontra pour la première fois l'un de ceux dont l'amitié chrétienne devait, après l'Ecole, lui rester la plus chère et la plus fidèle. « Je

____

(1) Lettre de D. M., 1er oct. 1922.

faisais sa danseuse, et réciproquement, nous a raconté cet aimable témoin. Nous dansions aussi mal l'un que l'autre. C'était essentiellement burlesque. Il faisait le burlesque très bien... Il avait déjà ce bon sourire qu'il a eu toute sa vie ».

Si les théâtres et les cafés de la capitale avaient peu de charmes pour Paul Bertrand, il n'en était pas de même des monuments et des œuvres d'art dont elle est beaucoup plus justement fière. Car sa ferveur pour les sciences ne venait nullement d'une insensibilité d'âme, et les méthodes abstraites qu'elles imposent ne lui avaient pas fait perdre le goût du beau réel, et le sens délicat de sa valeur expressive et évocatrice.

« Nous aimions l'un et l'autre l'architecture, écrit un de ses camarades d'alors, et c'était là un sujet de causerie qui convenait à notre amitié » (1).

Or, l'architecture était matière de cours à l'Ecole Polytechnique, et avait comme professeur un véritable artiste, homme de verve et d'enthousiasme, qui savait rendre ses leçons passionnantes par l'accent, la vie, la mimique, qui les rehaussaient.

C'était un Alsacien, M. Umbdenstock, qui avait fait toute la guerre comme officier du génie, ne quittant donc sa chère Ecole que pour la retrouver dans une arme dont elle assurait le recrutement. Très dévoué à son emploi, et très attaché à ses élèves, il organisait le dimanche des promenades à but esthétique, dont les bénéficiaires ont gardé le souvenir le plus savoureux. On s'en allait par exemple à Versailles, et là, on étudiait non seulement des sculptures, des tableaux ou des façades, mais toute une époque, ses mœurs, ses sentiments, son esprit, retrouvés sur les magnifiques traces qu'elle nous en a laissées dans son art.

« C'était lumineux ! » dit encore, en s'y revoyant,

---

(1) Lettre de D. M., 9 août 1925.

l'un des compagnons du vibrant professeur : « Et nous nous trouvions bientôt d'accord avec lui sur l'influence que peuvent exercer l'une sur l'autre la façon de vivre d'une époque et son architecture ».

Paul Bertrand suivit avec un grand intérêt les cours et les promenades de M. Umbdenstock. Il l'entendit parler, non seulement en artiste, mais en moraliste et en sociologue, et il n'oubliera pas les applications que le maître étendait jusqu'aux plus humbles habitations populaires, auxquelles il voulait que l'on donnât assez d'hygiène et assez d'agrément pour que la vie morale de l'ouvrier pût en être assainie, dilatée, épanouie.

Paul Bertrand avait connu et senti de trop près l'âme du peuple de France, il l'avait trop aimé, pour rester insensible à tout ce qui concernait son progrès moral et sa participation plus large aux biens communs de la création.

*
* *

Une autre rencontre que fit notre Polytechnicien, dans les murs mêmes de son Ecole, exerça sur la direction de sa vie une décisive influence.

Il rencontra l'apostolat.

Ce n'était pas tout à fait un nouveau venu à l'X. Il y avait été reçu jadis, dans certaines promotions.

Des catholiques à la foi débordante, et à l'activité généreuse, y avaient passé en faisant le bien, groupant autour d'eux à différents postes de dévouement, quelques bonnes volontés amicalement conquises. Quand le *Sillon* naquit sous la forme des « conférences de la Crypte », vers 1895 (1), son berceau était entouré d' « X », parmi lesquels figurait en première li-

---

(1) Ce nom leur venait des sous-sols du Collège Stanislas, où elles avaient débuté.

gne le père du nouveau-né, Marc Sangnier. Et souvent depuis, les faubourgs de Paris avaient vu le dimanche apparaître dans leurs œuvres d'éducation populaire, l'uniforme et le « claque » de la rue Descartes, venant prendre leur part de labeur dans la difficile conquête des âmes.

Mais tout cela restait l'exception. Et, à vrai dire, étant donné la composition de l'Ecole au point de vue confessionnel, et la petite minorité qu'y constituaient les anciens des collèges catholiques, pouvait-on s'attendre à autre chose ?

Or, c'est tout autre chose qu'y rencontra Bertrand.

Ce n'était plus seulement le zèle, c'était l'organisation.

Il ne s'agissait pas de recruter de la main-d'œuvre passagère pour une propagande sociale, ou pour des patronages, mais bien de convertir et de sanctifier les « X » eux-mêmes, par l'action individuelle d'abord, puis par un travail surnaturel collectif, s'achevant en manifestations religieuses, aussi imposantes que possible (1).

----

(1) Cela ne veut pas dire que les œuvres d'apostolat extérieur aient été négligées. Voici le témoignage d'un polytechnicien de 1918-19 : « La vie religieuse des X se manifestait aussi par la participation aux œuvres paroissiales de Paris. Un service répartissait les concours entre un certain nombre de patronages, de manière à en assurer la continuité en dépit des absences irrégulières. Je ne pourrais guère parler que du patronage où j'allais : Saint-Denis de la Chapelle... Bertrand y venait avec moi. Peut-être même m'y avait-il recruté. Il faisait beau voir l'abbé Rudinski, accompagné d'un ou de deux lieutenants, sa poitrine barrée de la Croix de guerre et de la Légion d'honneur, lorsqu'il conduisait son « patro » au terrain de sports voisin de la porte d'Aubervilliers. Et nous traversions le quartier de La Chapelle sans susciter aucun incident. On faisait jouer les enfants. Notre action morale était assez réduite peut-être, mais nous donnions ce que nous pouvions, et nous remplis-

Ce mouvement datait d'avant-guerre, mais il n'avait eu que le temps de s'y ébaucher. Il était réservé aux générations de 1918 et 1919 de s'en emparer comme d'une tradition de l'Ecole, de lui donner l'allure audacieusement conquérante qui convenait à d'anciens combattants, et de l'imposer au respect de tous, au dedans, au dehors, et au-dessus.

Le branle fut donné pendant l'hiver qui suivit l'armistice, par quelques survivants des « promotions 12 et 13 », en qui s'était conservée l'ardeur des débuts. Ceux-là se souvenaient de la fière joie éprouvée en ce dimanche des Rameaux 1913, où, pour la première fois, des « X » s'étaient groupés pour faire ensemble la communion pascale. C'était dans le quartier même, à quelques pas de l'Ecole, dans la chapelle du Cercle catholique de la rue des Carmes. Cent vingt-huit camarades avaient répondu à l'appel, « dont une vingtaine, dit un témoin, revenaient ouvertement et simplement à Dieu ». Au milieu des jeunes en uniforme, un vieillard, — promotion 1859 — tenait à lui seul la place des « antiques », affirmant ainsi que l'étroite solidarité polytechnicienne voulait désormais s'étendre plus loin que les intérêts, plus haut que les amitiés, jusqu'à l'accomplissement d'un devoir de conscience. Ce vieillard s'appelait M. Krafft.

Ils n'avaient pas oublié non plus, ces héritiers du

---

sions la tâche qui nous avait été confiée. » (Lettre de D. M., 1er novembre 1925.)

Le même, écrivant à Paul Bertrand le 2 août 1920, peu après leur sortie de l'Ecole, ajoutait en post-scriptum : « J'ai reçu ces jours-ci un mot de l'abbé Rudinski, en réponse à la lettre où je lui envoyais mes pauvres photographies. En quelques mots il nous remercie de l'aide que nous lui avons apportée auprès de ses gamins. « Pourtant, dit-il, ce n'est qu'une indication pour plus tard : il reste encore beaucoup de bien à faire. Notre Seigneur et son Eglise réclameront toujours vos efforts... »

splendide espoir d'avant-guerre, que ce premier grand succès, comme tous ceux que remporte le règne de Dieu, était le résultat d'une lente germination et d'une croissance laborieuse. Le bon grain avait été jeté dans quelques âmes d' « X », au cours des retraites fermées d'Epinay-sur-Seine, de Clamart et de Mours. Ils s'y étaient trouvés bien peu nombreux d'abord, mais un jour la Providence se choisit parmi eux son homme. Il s'appelait Georges Peter, de la promotion 1907. Ayant compris à fond les exercices de Saint-Ignace, et décidé à ne pas se donner à moitié, il chercha le moyen d'activer le recrutement de retraites si bienfaisantes et s'offrit avec deux de ses camarades, à signer personnellement les invitations destinées aux élèves de l'Ecole. Dès lors il y avait des chefs. Ils furent suivis. En 1912, à la veille de la rentrée d'octobre, vingt-huit. X se serraient les coudes à la retraite de Mours. C'était l'aube de la victoire.

A leur tour, quatre d'entre eux sentirent s'allumer dans leurs cœurs le feu divin que le Christ a apporté sur la terre.

Ils communiquèrent au P. Pupey-Girard leurs désirs et leurs plans. C'étaient des plans de campagne. C'était le désir d'instaurer à l'Ecole un nouvel enseignement : celui de l'Evangile ; une nouvelle autorité : celle de Jésus-Christ.

Il ne leur semblait pas que la solidarité ou la camaraderie professionnelle eût quelque chose à perdre, en devenant une fraternité chrétienne. Et, après l'exemple de Bourget, de Péguy, de Psichari et de tant d'autres, ils ne voyaient pas pourquoi le milieu le plus intelligent de France serait plus lent qu'un autre à comprendre que la discipline catholique dans l'esprit et dans les mœurs, fait vraiment toute la force d'une société humaine.

Ils ne voulaient bouleverser aucune institution, ni sacrifier aucun idéal à la foi catholique, sachant, comme on l'a fort bien dit, « qu'ils les servaient tous en la servant ».

Le soir même, avant de quitter la Villa Saint-Régis qui abritait leurs beaux rêves, ils réunissent leurs camarades retraitants et leur communiquent la flamme. Il y a là une conquête qu'eux seuls peuvent faire, pour laquelle, Dieu aidant, ils suffisent. Donc elle s'impose.

On discute un peu. Mais le choc des idées ne fait qu'échauffer l'enthousiasme. La conquête est décidée.

Dès le lendemain, on rentre à l'Ecole et elle commence.

Des conférences religieuses sont organisées au siège des œuvres d'ingénieurs, au 368 de la rue Saint-Honoré.

Les ligueurs se chargent de les faire connaître et d'y inviter. Les démarches se multiplient, avec tact et cordialité toujours, avec audace surtout. La lumière qu'ils ont reçue, il faut qu'elle rayonne comme un phare. Tous n'y ont-ils pas autant de droit qu'eux-mêmes ?

Or, c'est l'heure de Dieu, l'heure de la pêche facile et des filets remplis.

Le petit « Comité des conférences X » est lui-même stupéfait de son succès. La science religieuse attire puissamment ces jeunes gens voués aux sciences humaines. Plus d'une centaine s'inscrivent pour les réunions de quinzaine. Elles grouperont effectivement une moyenne de quatre-vingts présences. Et tous y apporteront la soif de vérité et le besoin de logique, qui sont pour eux vertus professionnelles. Bien des esprits en sortiront raffermis dans leur foi. Plusieurs verront se dissiper les préjugés qui les retenaient loin d'elle.

Sans tarder, le Comité veut ajouter la prière à la discussion.

Une nuit d'adoration s'organise pour le 21 décembre, à Montmartre. C'est vraiment une prière d'hommes. C'est la grande et perpétuelle supplication nationale, montant du sommet de la ville enfiévrée de luxure et dévorée d'orgueil, pour le rachat et le relèvement chrétien de la France. L'idée est belle ; elle fait vite son chemin dans les âmes droites.

Le soir venu, quarante-deux « X » passent la Seine et gravissent la montagne... Encore une tradition désormais fondée.

Les victoires appellent les victoires. Et les veillées d'armes préparent des chevaliers. On n'hésita pas dès lors à entreprendre cette campagne pour la Communion pascale, dont nous avons marqué la première étape, et qui devait prendre de si prodigieux développements.

Donc au cours de l'hiver 1918-1919, tous ces souvenirs se ravivèrent dans quelques têtes généreuses.

C'étaient des vétérans de l'Ecole et de l'armée jouissant par suite d'un grand prestige. Comme officiers, ils étaient logés à « Lhomond ». Paul Bertrand fut leur voisin de chambre, ou leur commensal. Il ne devait pas tarder à connaître et à partager leur idéal.

Personne mieux que lui ne peut nous raconter comment se fit cette découverte. Dans une lettre écrite plus de trois ans après, au camarade auquel il la devait, Paul évoque, non sans quelque émotion, cette minute décisive.

« Quand je songe à la façon dont est née notre amitié, quand je me rappelle le jour où, nous connaissant à peine, tu es venu me trouver dans la salle 32 pour m'exposer le but et m'apprendre l'existence de nos œuvres d'X !... Il est certain que tu avais déjà deviné tout le bien que tu pouvais me faire, et moi j'ai pensé que je trouverais auprès de toi l'amitié fidèle et sincère dont parle Sertillanges. Cette amitié est de celles qui durent, car elle a sa source dans la communauté d'idées et de sentiments, sans laquelle les prétendues amitiés ne sont que des camaraderies d'un jour. Malheureusement je ne puis te rendre tout le bien que tu m'as fait, et débiteur insolvable, je suis heureux d'avoir devant moi un créancier qui ne songe qu'à me faire oublier ce que je lui dois, en me donnant chaque jour l'occasion de nouveaux remerciements (1). »

Paul Bertrand ne fut donc pas long à convaincre.

Il se rendit sans conditions, et ne semble guère s'en être repenti. Le camarade qui osa l'aborder au nom du bon Dieu sans presque le connaître, demeura pour lui, même après la séparation imposée par la carrière, l'intime par excellence, auquel il se confiait sans réserve, — lui qui pourtant d'ordinaire se montrait si avare de confidences personnelles, et qui excellait à « prendre la tangente », quand on voulait le faire parler de lui.

Cette intimité est pour nous d'un prix inestimable.

C'est grâce à elle, et à la correspondance qui s'ensuivit, commencée à la sortie de l'Ecole pour ne s'interrompre qu'à la mort de Paul, que nous connaissons de celui-ci ce que sa vie faisait deviner, mais ce que sa plume révèle : une âme cherchant avant tout le règne de Dieu, et attachée à sa volonté coûte que coûte, bref une âme coulée dans le moule divin du Pater.

La connaissance faite, la collaboration s'établit promptement.

Paul fréquenta avec son guide le laboratoire de science religieuse de la rue Saint-Honoré (2). Il y transforma en amitiés chrétiennes d'autres camaraderies superficielles. Il y trouva surtout l'incomparable entraî-

---

(1) Lettre à D. M., 28 juin 1922.

(2) « Nous vivions à peu près la même vie religieuse, nous écrit cet *alter ego* de Paul Bertrand. Nous allions ensemble aux réunions, aux « Conférences X », et nous nous retrouvions bien souvent à la messe de quinzaine, à Saint-Etienne-du-Mont. C'était une fréquentation de tous les jours, sans que l'on sût comment on en était arrivé là. » (Lettre de D. M. 1er novembre 1925).

neur, à qui tant d' « X » proclament qu'ils doivent tout l'heureux équilibre et la fécondité de leur vie chrétienne.

Autour de lui se pressait déjà cette élite nombreuse d'X, dont le zèle, alimenté par la pratique des *Retraites fermées*, avait constitué là un vrai foyer de vie surnaturelle, rayonnant à travers les promotions d'élèves et d'Antiques, et y opérant, grâce à l'apostolat « du camarade par le camarade », d'extraordinaires transformations.

Dans cette ambiance, qui lui plaisait tant, comment ne serait-il pas devenu à son tour un militant ?

Les « amphis » sur les fondements de la foi, sur la Révélation, sur l'Écriture Sainte, sur le dogme, — car on voulait aller au fond des choses —, lui faisaient voir en homme ce que tant d'autres, pour avoir interrompu leur instruction religieuse avec l'adolescence, n'avaient jamais cessé de considérer en enfants. C'était d'ailleurs très animé. On était en confiance, « on lâchait bien le fond de sa pensée, nous dit un adhérent d'alors, et on discutait parfois de façon très exigeante ».

Mais la parole de Dieu ne se discute que pour la mieux comprendre, et, comprise, il faut l'assimiler et la vivre.

Certains réclamaient qu'on leur apprît à se nourrir, non seulement de l'extérieur de la science, d'une apologétique ou d'une dogmatique purement intellectuelle, mais de la moelle de la vérité, de l'âme vivante des Écritures.

Et il y eut des réunions où la parole était moins à la raison qu'au cœur, non à la critique, mais à la piété.

On y méditait en commun l'Évangile entre quarante ou parfois soixante-dix Camarades.

L'Évangile était lu par un X. D'avance il avait ruminé son texte, afin d'être prêt, au cours des commentaires, spontanément exposés par les uns et les autres, à suppléer au déficit ou simplement à les amorcer.

Tout haut jaillissaient les échanges de vues, de pensées, de sentiments, avec une simplicité qui surprenait un peu les nouveaux, mais les gagnait bientôt. Ainsi les X s'entraînaient à jeter des ponts entre les paroles de l'Evangile apparemment lointaines et l'actualité des âmes et des sociétés qui ne peuvent vivre qu'en le réalisant.

Chacun, devant avoir déjà médité le texte, pouvait ouvrir de nouveaux horizons, découvrir des filons, restés inaperçus dans une première lecture, filons précieux réservés aux coups de pioche donnés à propos. A ces sondages les X s'évertuaient avec succès.

L'habitude se prenait de voir dans l'Evangile un livre divinement riche, mais aussi une matière première qui, comme toutes les autres, s'offrait non à la jouissance immédiate, mais au fructueux travail.

On pressent que de telles « méditations en commun » devaient être à la fois la source et le résultat des « oraisons » individuelles pratiquées chaque matin.

L'esprit en restait occupé, les conversations s'en inspiraient.

« Ensemble, dit un intime de Paul, nous allions à la rue Saint-Honoré, ensemble nous parlions de la vie intérieure » (1). C'étaient là, semble-t-il, les pensées maîtresses qu'on en rapportait.

Et un jour viendra où un annaliste de ce beau mouvement pourra écrire :

« En 1923, plus de cent vingt Elèves de l'Ecole faisaient chaque jour dans leur salle d'études une lecture méditée, sans la moindre gêne auprès de leurs camarades, dont quelques-uns parfois se mettaient à les imiter. L'estime et le respect mutuel d'une camaraderie de bon aloi réservaient à chacun la liberté de conformer ses actes à ses idées.

------

(1) Lettre de D. M., 9 août 1925.

« On entrevoit ici ce qui peut être obtenu par l'action de prières et d'apostolat de camarade à camarade, créant une atmosphère de vie chrétienne où les âmes ont toutes facilités de s'élever vers Dieu (1) ».

Paul Bertrand dont on a tant apprécié, et si hautement signalé, — nous l'avons vu — le parfait « équilibre d'esprit », était un enthousiaste à base de conviction.

La méthode employée rue Saint-Honoré lui allait donc à merveille. Elle visait à produire la lumière d'abord, puis la chaleur à force de lumière, puis le mouvement à force de chaleur.

Le mouvement, c'est-à-dire l'apostolat, ne résultait donc pas d'une impulsion extérieure, docilement suivie, mais bien d'un foyer intérieur patiemment allumé suivant une technique définie. Il était peut-être un peu plus lent à déclencher, mais une fois lancé, il ne s'arrêtera plus, et étonnera, par sa spontanéité même, de vieux praticiens de l'apostolat des jeunes gens, quand ils verront arriver au milieu de leurs œuvres des X de cette trempe.

Quand approcha le printemps de 1919, le *Comité des Conférences X* commença à se remuer pour organiser comme en 1913, les grandes manœuvres religieuses des X : la Communion pascale collective. Les bureaux multiplièrent les « topos ». Mais surtout les apôtres activèrent les démarches.

Personne ne put ignorer le projet des catholiques.

Personne d'ailleurs ne se formalisa, ni de l'idée, ni de sa propagande.

Sur les feuilles d'invitation qui circulaient ouverte-

____

(1) Abbé Chalbos, vicaire à Saint-Étienne-du-Mont : *Les grandes Ecoles au temps pascal.* (Semaine religieuse de Paris, 26 avril 1924). Ce document nous a aidés à préciser des faits et des dates.

ment, ou même s'affichaient, on lisait les noms de cent trente-neuf camarades. C'était déjà respectable. Mais ces cent trente-neuf savaient bien ne représenter encore qu'une minorité parmi les catholiques de l'Ecole, et ils pressaient les autres de se joindre à eux, dans l'affirmation publique de leur foi (1).

Le Dimanche des Rameaux, dans la salle des catéchismes de l'église Saint-Etienne-du-Mont, trois cent dix-huit Polytechniciens — la moitié de l'Ecole — communièrent ensemble et prièrent pour le réveil chrétien de la France, qui après un tel exemple ne pouvait plus paraître chimérique.

Les positions de 1913 étaient non seulement reprises, mais largement dépassées. Entre la grâce de Dieu et le zèle des hommes, la soudure s'était refaite, rien ne la romprait plus.

Le 5 juin, les infatigables meneurs du bien renouent la tradition de l'Adoration à Montmartre, et y réalisent aussi un sérieux progrès.

Enfin les retraites fermées vont reprendre, dès le mois d'août 1919, et elles sont l'occasion d'une « préparation d'artillerie » active et bien dirigée, où beaucoup de zèle se dépense avec beaucoup d'à-propos.

C'est toujours le même système : action individuelle, courtoise, cordiale, inlassable.

---

(1) L'un de ceux qui vécurent le plus près de Bertrand, témoigne ainsi de l'état d'esprit de son entourage : « Au Quartier Lhomond, nous revenions tous de la guerre, tous lieutenants ou capitaines, mûris par une expérience redoutable, devenus hommes plus vite que nous ne l'aurions pensé. C'est pourquoi le respect humain était assez rare parmi nous. L'esprit de camaraderie aidant, on traitait de la question religieuse presque aussi simplement que d'une question de cours, et sur la planche à « topos », les invitations aux conférences, aux retraites, et aux messes voisinaient avec les avis de cours de danse. » (Lettre de D. M. 1er novembre 1925).

Et comme, au point de vue religieux, bien des gens ne laissent pas deviner ce qu'ils valent, on s'adresse à bien des portes qu'en d'autres temps on eût jugées barricadées. On y frappe par conversations ou par lettres. Et aucune, après s'être entr'ouverte, ne vous retombe sur le nez avec colère ou mépris.

Ce temps-là est passé. L'intelligence française en a assez, semble-t-il, de son stupide divorce avec la plus haute vérité.

Entre « X », ceux qui ne se rendent pas, parce que la lumière chez eux ne suffit pas à échauffer et à mouvoir, prennent au sérieux la démarche sérieuse qui les atteint, s'excusent, remettent à plus tard, cherchent des raisons. Et plus d'un qu'on aurait crus hostiles, et qui l'étaient peut-être tant que le catholicisme leur était apparu comme une chose morte —, passent de l'étonnement à la curiosité, puis à l'estime, puis à la franche adhésion.

Les retraites s'échelonnent le long des vacances de l'Ecole. Les plus suivies sont celles du début d'octobre, qui précèdent immédiatement la rentrée. Paul Bertrand, qui avait été, dès cette première année, un des plus assidus à tous les rendez-vous des catholiques de l'Ecole, préféra celle qui se donnait à la Villa Manrèse, à Clamart, les 15, 16 et 17 août. Elle réunit environ vingt X.

C'était sa première retraite fermée.

Il y intensifia, comme l'avaient fait les devanciers, ses propres sources d'énergie chrétienne, qui allaient bientôt jaillir. Et sans doute, il dut avoir la même impression, qu'il exprima plus tard au lendemain d'une journée de récollection qui avait rassemblé d'anciens X de toute la France :

« Il faudrait que ces journées-là durent plus longtemps, alors qu'au contraire les heures se précipitent avant qu'on ait eu le temps de s'en apercevoir » (1).

Il y prit non pas la résolution de faire de l'agitation, — même apostolique —, mais celle de pratiquer l'oraison, comme le moyen ordinaire pour nourrir et développer la vie intérieure, et aussi celle de « s'exercer sans cesse à tendre à la perfection, suivant les moyens dont on dispose et la grâce reçue de Dieu. »

Il savait bien que la vie intérieure est une sève bouillonnante, qu'aucune écorce ne peut contenir, et qu'il n'y a pas de perfection sans amour des âmes et sans passion de les sauver.

Il enfermait d'ailleurs dans sa vie, la plus expansive — pour ne pas dire la plus explosive, — des dévotions, celle qui lui rappelait chèrement le foyer patriarcal de La Louptière, la dévotion au Sacré-Cœur de Jésus. Et dans sa consécration, il lui disait :

« Vous avez promis, ô Jésus, de rendre ferventes les âmes consacrées à votre Cœur ; je m'offre à vous pour être formé par vous à la vie intérieure que vous me faites désirer.

« Vous avez promis, ô Jésus, de féconder l'apostolat de vos amis intimes ; je m'offre à vous pour répandre partout le feu de votre amour, spécialement parmi mes camarades d'Ecole » (2).

____

(1) Lettre à D. M., 1er janvier 1924.

(2) Le document suivant, vaut d'être intégralement cité. Trouvé dans les notes de Paul Bertrand, c'est un Règlement de vie dont l'observance fidèle est confirmée par l'un de ses plus chers confidents :

RÉSOLUTIONS DE PAUL BERTRAND

1° Double but :
Sanctification personnelle.
Apostolat, d'abord parmi mes camarades d'école et de mon mieux partout où pourrait atteindre le rayonnement d'influence que la Providence aura ménagé pour mon activité.

C'est dans ces dispositions que le lieutenant Paul Bertrand va devenir *ancien*.

Il reprend avec son travail scientifique, toujours aussi acharné, l'œuvre dont il a maintenant une vue d'ensemble et à laquelle il s'est fait la main.

Ce n'est plus lui que l'on vient trouver dans la salle 32 pour lui communiquer l'étincelle. C'est lui qui en sort pour la faire jaillir par d'autres contacts. Et la sympathie qui l'accompagne partout facilite la tâche (1).

Les rendez-vous de la rue Saint-Honoré, de Montmartre, de Saint-Etienne-du-Mont le revoient fidèlement. Il s'imprègne de leur doctrine et de leur esprit, et se convainc pour la vie, que les jeunes gens d'aujourd'hui

---

2° Principaux moyens :
 Union de prières, de vie spirituelle, et de zèle avec des camarades résolus à l'apostolat.
 Communion hebdomadaire.
 Pratique de l'oraison quotidienne.
 Pratique du « petit sacrifice joyeux » quotidien.
 Retraite fermée, sauf empêchements sérieux.
3° La tendance à mettre en pratique les Conseils évangéliques est nécessaire pour avoir une vraie vie intérieure.
 Je m'exercerai, dans les limites de mes devoirs d'état, à la pratique des conseils de pauvreté, de chasteté et d'obéissance, suivant les moyens dont je disposerai et la grâce reçue de Dieu.
 Je confierai tout au Sacré-Cœur de Jésus à qui j'ai consacré tout ce qui m'est cher.

(1) « L'action s'exerçait de camarade à camarade. Il me semble que c'est en cela que consistait le mécanisme de l'apostolat. Bertrand, avec son allant, son air toujours gai et bon enfant, devait y exceller. On le connaissait beaucoup, car il était quelquefois un peu « chahuteur », et son entrain était grand. Dieu seul peut dire le bien qu'il a réalisé de cette manière dans sa sphère... » (Lettre de D. M., 1er novembre 1925).

peuvent être remués par autre chose que le sport ou les manifestations politiques, et que la puissance attractive du Christ n'est pas épuisée.

Au milieu de l'année d'études, les 19-21 mars, il goûte à nouveau de la fortifiante solitude d'une retraite. Cette fois, c'est à Mours qu'il se rend avec vingt-cinq de ses camarades. « Je le vois encore, nous disait l'un d'eux, arrivant à la villa Saint-Régis avec sa sacoche d'état-major, qui lui servait toujours de valise ».

C'est là qu'en 1912, s'étaient prises les vaillantes résolutions dont nous avons parlé, et qui avaient transformé l'Ecole. Paul s'y engagea définitivement à la même volonté de conquête et à la même confiance en Dieu (1).

Mais voici venir les Pâques.

Celles de cette année 1920, reproduisent le même cérémonial que l'année précédente. Mais les signatures ont grossi de dix-huit unités, et l'assistance est montée à cinq cent cinquante.

« On y reconnut, nous dit un camarade de Paul, des tas de types qu'on croyait à peine catholiques. Et à la sortie les exclamations jaillissaient : « Tiens, toi aussi » (2).

Le fait nouveau était l'apparition d'un bon nombre d'anciens X, venant réchauffer leurs convictions à la flamme du jeune prosélytisme, qui commençait à faire parler de lui.

Le mouvement remonta ainsi jusqu'aux promotions

---

(1) Cette année-là, une centaine d' « X » vinrent à Mours ou à Clamart, se donner la même trempe. Trois ans après, ce nombre déjà imposant, était doublé. Et il y a des gens qui ne veulent admettre que la puissance d'entraînement du mal !

(2) D'après H. de W.

les plus reculées, et atteignit bien des sommets intellectuels de la nation.

Le nombre des signatures bondit de 157 à 239 en 1921, puis à 603, puis à 921, puis à 1.502, puis à 1.907 en 1925. Les adhésions deviennent avalanche. On se presse, on s'écrase à ce rassemblement — ou plutôt non, chacun y accourt avec empressement, mais y prend modestement sa place dans sa « promo », quels que soient ses titres ou sa célébrité.

« Sur ces longues listes, écrit un vicaire de Saint-Etienne-du-Mont qui avoue sa surprise (1), on voit rangés simplement à leur rang de promotion, les noms les plus illustres, des maréchaux de France, des Membres de l'Institut, de grands chefs de nos administrations d'Etat, ou des grandes compagnies industrielles, des personnalités les plus en vue dans les diverses carrières, à côté d'un nombre remarquable de jeunes.

« Où donc est le respect humain d'antan ! » (2)

Devant cette invasion il n'est plus chapelle qui tienne. Bientôt, c'est toute l'église qu'il lui faut, comme aux Centraux, toute la nef de Notre-Dame.

Mais l'église elle-même éclate sous la poussée. Le torrent gagne la province. Il déborde même hors des frontières.

Partout où de jeunes X se sont installés comme

---

(1) Abbé Chalbos, loc. cit.

(2) Le respect humain avait été mis en déroute par l'allure si franche de toute cette pratique religieuse. « Les messes de communion de quinzaine, nous écrit un autre témoin, offraient un spectacle émouvant et consolant. Le Père P.-G. confessait dans le couloir de la sacristie, à la vue de tous les fidèles se rendant aux offices de la paroisse, et cette simplicité constituait un excellent exemple. Puis le Père Judéaux, dont je regrette amèrement la disparition, nous faisait une allocution substantielle, serrée et vivante. Et les Communions étaient nombreuses ». (Lettre de D. M., 1er novembre 1925.)

ingénieurs, ou comme officiers, ils ont apporté avec eux l'impressionnant souvenir, même la nostalgie de cette magnifique fraternité religieuse. Et, quand approche la date anniversaire, le fameux dimanche des Rameaux, ils se croiraient trop exilés et comme retranchés de la famille, s'ils ne se retrouvaient pas à la sainte Table, ne fût-ce qu'à trois ou quatre, — en apparence ! en réalité, à plusieurs milliers —, fidèles au merveilleux coude à coude, et au grandiose unisson des âmes sanctifiées.

Dès 1922, il s'alluma quarante de ces petits foyers eucharistiques, issus de la grande flamme parisienne.

Deux ans après, trente autres régions s'éclairaient à leur tour, de ce feu nouveau. La vie chrétienne des X avait désappris la timidité et l'effacement. Ils avaient relu attentivement leur Evangile et y avaient trouvé que la lumière est faite pour briller, la foi pour resplendir et le monde pour être illuminé.

*
* *

Dans cette diffusion de ferveur pascale, Paul Bertrand prit hardiment sa part.

De Lille, où l'a conduit son goût pour la grande industrie chimique, il demeure en liaison étroite avec les camarades du Q. G. qui lui adressent les communiqués de cette belle campagne, lui signalent les X de la région, et lui préparent les munitions, je veux dire les circulaires.

Il y ajoute les visites et les lettres, portant le mot personnel, l'invitation souriante et conquérante, à laquelle on ne résiste pas. Deux mois avant le jour J, il commence son affectueux marmitage. Les loisirs sont rares dans son métier, les journées de travail très chargées, les soirées déjà accaparées par les œuvres locales. N'importe ! L'apostolat « X » n'est pas un importun que l'on congédie, ni même que l'on fait attendre.

Il s'assure d'une église ou d'une chapelle, d'un prêtre sympathique au mouvement et désireux de l'encourager, d'un déjeuner à proximité, où se continue et s'affirme quelques instants d'une façon joyeuse une camaraderie, — non : une fraternité, — qui vient de se resserrer près du Christ.

La première fois, c'est le lieu favorable qui se fait un peu chercher. « Il semble, écrit Bertrand le 17 février 1922, que l'obstacle principal tienne dans l'organisation de la messe elle-même. Mais il faut envisager l'avenir avec confiance et demander à Dieu de nous donner plus de foi pour nous permettre, non pas de soulever les montagnes, mais de surmonter les petits obstacles que nous pouvons rencontrer » (1)

Dieu lui donna en effet la foi, et la ténacité. La chapelle se trouva, et le prêtre, — frère d'un ancien polytechnicien —, et une assistance de sept camarades, dont plusieurs haut gradés dans leur profession.

L'année suivante, la situation resta inchangée, ce qui ne pouvait suffire à Paul : « L'expédition tardive des convocations, notait-il, a dû compromettre légèrement le succès (2). Il y a des progrès à faire, et je pense qu'une autre méthode pourra être adoptée l'année prochaine. Maintenant que je commence à connaître quelques « X » catholiques à Lille, je crois que le relancement individuel pourra donner des résultats qui n'auraient pas été obtenus ces années dernières. Ici encore : Patience, confiance ! » (3).

Cette devise était vraiment son mot de passe dans

____

(1) Lettre à D. M.

(2) Elles s'étaient en effet trompées de direction, et avaient pris le chemin de Laon au lieu de celui de Lille. Huit jours avant la date fixée, Bertrand les attendait encore.

(3) Lettre à A. L., 29 mars 1923.

tous les moments difficiles. Et d'ailleurs avec cela, il passait toujours. « Ces mots-là, nous disait récemment un de ses amis, venaient si souvent et toujours si à point, et ont été tellement efficaces, qu'il faut les souligner deux fois ».

Patience et confiance l'emportèrent en effet visiblement. Elles eurent d'ailleurs à leur service, — et c'est toujours ainsi que Paul Bertrand l'entendait —, une activité redoublée.

Dès janvier 24, il en parle dans une lettre aux camarades de Paris : « Je vais m'occuper de l'organisation de la messe des Rameaux à Lille, et j'espère arriver, grâce à Dieu, à des résultats plus encourageants que ceux de l'année dernière » (1). Un mois après, il est « très occupé avec l'organisation de la messe de Communion pascale. J'ai déjà, écrit-il, recueilli quelques signatures, et continue à solliciter des « antiques ». Malheureusement je ne puis le faire que par correspondance » (2).

Du moins sa plume, qui est agile, se démène beaucoup. Il faut en effet que la bonne nouvelle soit annoncée à tous. Il faut que le grand courant d'air salubre qui vient de traverser l'Ecole et de remuer la capitale, se fasse sentir jusqu'aux derniers recoins de la province et y rajeunisse des âmes.

La province est plus lente à s'ébranler que Paris. C'est dans son caractère. A Paris on est volontiers novateur : la province est conservatrice, par instinct, et par fonction. On dirait volontiers, en style militaire, que Paris « conquiert » et que la province « occupe ».

Aussi est-ce Paris qui, par chaque promotion d' « X » qui en sort, conquiert la province. La conquête de Paul Bertrand fut, en cette année 1924, particulière-

____

(1) Au même, 28 janvier 1924.
(2) Au même, 21 février 1924.

ment brillante. « Le dimanche des Rameaux, note-t-il, après un échange de correspondance assez considérable, une douzaine d'X étaient réunis avec leur famille. Gros progrès sur l'année dernière. Bien amorcé pour l'an prochain » (1).

Il s'était en effet habitué à ne considérer chaque succès que comme une étape.

Le problème apostolique est sans limites. A peine résolu, il se repose de nouveau. Pour une volonté faible, mue surtout par l'extérieur et par suite toujours avide de repos, un premier succès peut être dangereux, il est facilement considéré comme l'accord parfait qui termine la symphonie et fait déposer l'archet. Mieux vaut alors une dissonance qui tienne en haleine, et réclame impérieusement sa résolution.

Bertrand, comme tous ceux qui ont fortement assimilé leur idéal, qui ne poursuivent pas les buts d'autrui par complaisance ou engouement passager, mais qui ont fait leurs les buts de Dieu, trouvait dans chaque progrès un accroissement de force vive, comme dans tout échec une précieuse leçon. Il aimait Dieu assez sincèrement, pour que, suivant la parole de l'Apôtre, tout fût pour lui stimulant et profit.

Pour la quatrième fois, en 1925, il se mobilise au début de février. Car il sait que, — pas plus en apostolat qu'en industrie —, rien ne se meut sans moteur. D'ailleurs que lui importerait une adhésion ou une signature donnée une fois pour toutes. Il ne faut pas que la question religieuse entre dans la routine. Elle doit être maintenue vivante et actuelle, et par conséquent demander fréquemment de nouveaux actes personnels de volonté.

« J'espère, écrit-il en se mettant à l'œuvre, avoir au moins autant de signatures que l'an dernier pour

____

(1) Lettre à D. M., 17 mai 1924.

l'invitation locale » (1). En avoir plus semble en effet difficile ; il croit avoir atteint et remué tous les catholiques. Et il y tient. Ces noms réunis sur l'invitation aux Pâques sont pour lui « le meilleur moyen de secouer le respect humain, s'il y en a, et d'autre part cela ôte aux jeunes l'impression d'être isolés et seuls « X » catholiques de leur région » (2).

Certains, il est vrai, trouvent son geste assez inattendu. L'idée de cette solidarité religieuse dans la profession, est encore nouvelle pour eux. Paul Bertrand loin d'en perdre le sourire, y trouve la part d'opposition et de difficulté nécessaire pour se mettre en train. Il note avec une pointe d'humour « l'effarement de certains « antiques » devant notre action catholique.

« Que d'apôtres dans notre chère Ecole » m'écrit l'un d'eux. C'est le même qui m'écrivait l'an dernier : « Bien que je n'aperçoive pas nettement la supériorité qu'il y a à faire sa Communion pascale en famille polytechnicienne, plutôt qu'en famille, ou même seul, je ne demande pas mieux que de donner mon nom comme signataire, étant entendu que cela ne m'obligera pas à assister à la messe. » Heureusement qu'on reçoit des lettres plus réconfortantes et que d'autres sont heureux de s'unir aux manifestations de foi polytechnicienne. Il est bon cependant de voir cet état d'esprit un peu timoré, vestige d'une mentalité qui a heureusement disparu » (3).

D'ailleurs ni Bertrand, ni d'autres ne s'interdisaient, certes, de faire une communion pascale en famille et en paroisse, ce qui est selon le vœu de l'Eglise, et la nature même des choses. Ce qu'ils proposaient était un acte de fidélité chrétienne à une camaraderie à laquelle

---

(1) Lettre à A. L.. 17 février 1925.
(2) Au même, 11 avril 1925, Samedi Saint.
(3) Lettre à A. L., 11 avril 1925.

un « X », quel que soit son âge, ne reste jamais indiff-
férent.

« Nous nous retrouverons ce jour-là, écrit-il le 22
mars, en union d'intentions pour le Comité, pour nos
camarades, leurs familles et pour notre chère Ecole.
Qu'elle poursuive son rôle d'avant-garde et d'élite
dans l'ordre scientifique, militaire, artistique, mais
aussi et surtout dans l'ordre religieux. Que le rayonnement et le développement de notre mouvement catholique se prolonge dans les jeunes promotions, sans
souci de l'esprit sectaire des milieux politiques, qui
cherchera sans doute à agir sur notre grande Ecole.
Il y aura là, espérons-le, bataille et victoire, — à moins
que le mouvement catholique actuel n'impressionne
tellement nos adversaires qu'ils soient obligés d'abandonner la lutte. Leur courage ne peut se manifester
que devant notre lâcheté. A nous de vouloir et de vouloir nettement ! » (1).

Le résultat atteignit encore cette année son espoir.
Il le note avec joie :

« La messe de communion pascale des Rameaux a
réuni à Lille dix camarades, quelques-uns avec leur
famille. Deux des signataires de l'invitation générale
s'étant rendus à Paris, on ne pouvait guère compter
sur un plus grand nombre d'assistants » (2).

Comme la passion du mieux le dévore, il s'inquiète
pourtant de ne pas voir apparaître les jeunes générations. « Nous étions dix, j'étais le plus jeune. Est-ce
que les jeunes promotions seraient défaillantes ? » (3).

Il sait bien que non. Car la source ne tarit pas. Le
cœur bat toujours. La « chère Ecole » n'a pas cessé
d'envoyer chaque année dans toutes les veines de la

____

(1) Lettre à D. M., 22 mars 1925.
(2) Lettre à A. L., 11 avril 1925.
(3) Lettre à D. M., 12 avril 1925.

jeune France un flot de sang chrétien, qui n'est sans doute pas sans mélange, mais que le mélange n'a ni alourdi, ni vicié.

Y a-t-il, dans cet appel aux plus jeunes, comme un pressentiment que c'est lui qui bientôt sera défaillant, que ses jours sont comptés et qu'il est temps de chercher, avant de tomber, à qui remettre le clairon ? C'est en effet la dernière fois qu'il lui sera donné sur terre de sonner le ralliement des « X » pour une solennelle affirmation de foi.

Dans trois mois c'est lui qui entendra sonner le ralliement de Dieu.

*
* *

Paul Bertrand était trop averti, — par l'Evangile même qu'il fréquentait assidument —, des conditions militantes de l'Eglise et de la Vérité, pour ne pas s'attendre au milieu de si beaux succès apostoliques, à de vives réactions des milieux sectaires.

Il serait vraiment trop dur pour l'antichristianisme mondial, d'avoir déployé depuis un ou deux siècles tant d'activité et d'obstination, conquis de haute lutte et annexé tant de complicités illustres, et occupé une si large portion du terrain populaire, d'avoir réussi, croyait-il, à mettre définitivement dans son camp la science, la philosophie et la politique, c'est-à-dire tous les facteurs de la puissance, — pour voir un beau jour lui échapper toute une élite intellectuelle en mal de nostalgie religieuse.

Il devait nécessairement y avoir quelque part des grincements de dents...

Un jour, Paul Bertrand rencontre son ami Henri de W..., ancien camarade de l' « X », et l'aborde avec un sourire plus accentué et un regard plus pétillant que d'ordinaire, de l'air de quelqu'un qui vient de savourer une friandise !

« Ah ! je viens de recevoir quelque chose d'épatant ! »

Et il tire de sa poche quelques coupures de journaux.

« Tiens déguste-moi ça. Il ne faut pas en perdre une lampée. »

C'étaient quelques articles parus récemment dans un journal radical sous la signature d'un universitaire du Midi qui s'est donné la patriotique mission de sauver la France du « péril jésuite ».

Ce fin limier avait découvert, — après tout le monde —, que les Polytechniciens et les Centraux s'étaient mis dans la tête de communier en corps au temps de Pâques, et que leur geste avait un succès déconcertant. Il avait même dépisté, — que ne peut-il attendre pour un tel service ? — les organisateurs de ces cérémonies religieuses, et dénonçait, non sans effroi, à la vigilance des gardiens de la sécurité publique, ce « Comité des Conférences X (368, rue Saint-Honoré) dont l'aumônier-conseil est le R. P. Pupey-Girard, jésuite de qualité » (1).

Suivait la statistique exacte des adhésions aux Pâques de cette année 1922, soit à Paris, soit en province, avec ce pittoresque commentaire qui mettait Bertrand dans la jubilation :

« C'est un chiffre qui donne à réfléchir ! Deux mille Polytechniciens embrigadés par la Compagnie de Jésus, ça vaut bien cent mille péquenots comme vous et moi. Le bon Père, encore qu'officiellement inexistant, n'a pas perdu son temps, en dépit des redoutables lois laïques ! »

Et il gardait son franc sourire, en lisant de terribles révélations comme celle-ci :

----

(1) *Le Rappel* du 26-4-22, article de M. Maurice Charny.

« Il existe, — il faut qu'on le sache —, toute une hiérarchie d'organisations destinées à façonner selon la méthode de Saint-Ignace les consciences des futurs dirigeants de la France, organisations dont les jésuites sont, sinon les chefs officiels, du moins les maîtres incontestés ».

Je ne suis pas certain qu'il n'ait pas, en cette circonstance, lâché le gros mot qu'il se permettait parfois à l'égard de ceux qui voulaient barrer la route aux jeunes audaces catholiques de sa génération:

« Comme tu vois, c'est une vieille baderne ! »

Il sentait tellement bien que du libre-penseur et de lui, il n'y en avait qu'un de vraiment libre, et de vraiment « affranchi », et que ce n'était pas celui qui s'en glorifiait !

Il eût volontiers répondu à cet empêcheur de prier en groupe, d'abord que les « X » n'aiment pas que les profanes se mêlent de leurs affaires ; et puis que s'il y a un temps pour éteindre, il peut bien y avoir aussi un temps pour rallumer ; et enfin qu'il savait peut-être mieux que ce très impertinent défenseur des « X », ce qu'il fallait penser de l'influence de leur aumônier volontaire, et de la valeur de ses conseils.

C'est d'ailleurs peu de mois avant les articles de M. Charny qu'il écrivait dans une lettre intime :

« Je n'ai pas revu le P. Pupey-Girard depuis ma permission. Mais c'est toujours une grande joie pour moi lorsque je vais à Paris, et que le temps me le permet, d'aller le voir. On sort toujours de chez lui réconforté et ragaillardi. Il est certain qu'il répand autour de lui un épanouissement fructueux, le trop plein de sa vie intérieure » (1).

---

(1) Lettre à D. M., 4 novembre 1921.

Donner aux « futurs dirigeants de la France », comme vous le dites, quelques vertus de plus que n'en possèdent ses dirigeants actuels, croyez-vous vraiment, Charny. que ce soit là œuvre si ténébreuse, tâche si inutile ?

CHAPITRE IV

AU TRAVAIL PROFESSIONNEL

Ingénieur aux Etablissements Kuhlmann, à Loos-lez-Lille. —
Premières impressions. — Difficultés de la reconstitution
industrielle, et des créations nouvelles. — La conquête
des hommes. — « Ce sont les mêmes cependant !... » —
*Le rôle de l'ingénieur devant la crise de la conscience
professionnelle.* — L'apologie de l'ouvrier d'après guerre.
— La popularité de Bertrand. — *De la main-d'œuvre
industrielle.* — Comment la rendre stable ? — L'exemple
de la conscience et du dévoûment professionnel. — L'âme
d'officier.

Au mois d'août 1920, ayant dit adieu à l'Ecole polytechnique, Paul Bertrand fut incorporé dans l'industrie
du Nord.

Il prit le train pour Lille, et tout sur sa route lui
rappela que, s'il venait de quitter l'uniforme qu'il
portait depuis six ans, ce n'en était pas moins vers un
champ de bataille qu'il courait.

Il vit les vallées fameuses de l'Ancre et de la Somme,
— un des rares théâtres d'opérations où il ne se fût pas
battu —, les villes déchiquetées, les villages rasés, les
arbres devenus des piloris, et les champs, des cratères,
et le grand silence de mort après les tonnerres furieux
qu'il avait si bien connus.

Mais il remarqua en même temps l'effort vital qui
affleurait partout. Revenus des cagnas et des tran-

chées, les soldats d'hier, devenus les paysans, — il faudrait dire les colons —, d'aujourd'hui, s'accrochaient de nouveau au sol, non plus pour le défendre, mais pour le reconquérir à la fertilité d'antan. Les baraques en bois ou en tôle, sorties de cette terre convulsée, formaient les îlots de défrichement, devenus bien vite les oasis de ce désert, au prix de quelles privations, et parfois de quel dangereux travail.

Puis c'est le pays d'Arras, et la ville elle-même, cette grande blessée. Et bientôt après, c'est le Nord, dont il a contribué à sauver une partie par ses combats acharnés du Kemmel, et à délivrer le reste par sa campagne victorieuse de l'automne 1918.

Le Nord, — de Douai à Lille — lui apparaît moins dévasté, avec ses villages debout, et ses cultures intactes. Il connaîtra bientôt l'étendue réelle des déprédations, froidement ajoutées aux dévastations.

La ville de Lille, où il débarque, lui présente d'abord ses plaies béantes. Les quartiers avoisinant la gare, incendiés par le bombardement d'octobre 1914, sont encore de vastes champs de ruines. Les plaies cachées, il les découvrira en prenant sa part de l'immense tâche de reconstitution industrielle, à laquelle toutes les énergies de la région sont déjà appliquées.

Comme les paysans de la Somme et de l'Artois, il va s'attaquer aux dernières positions allemandes sur le sol français : la désorganisation et la misère. La vie industrielle qu'il aborde, va être pour plusieurs années, une lutte ardente où se joue la prospérité et même le relèvement de la France. Lutte pleine de péripéties, d'à-coups, de surprises, mais où, comme partout, la ténacité et la volonté de vaincre finiront par l'emporter. Lutte d'ailleurs d'autant plus allègrement menée, qu'il ne s'agit plus de détruire et de tuer, mais de rebâtir des foyers et de faire refleurir partout la vie aisée et souriante.

C'est donc encore au service du pays que Paul Bertrand s'enrôle quand il arrive, jeune ingénieur, à la grande Usine Kuhlmann, de Loos-lez-Lille.

L'industrie chimique avait de quoi le tenter. Outre un vieux penchant pour cette science, que son séjour à l'X avait encore accentué, il avait, comme tout le monde alors, la conviction de l'impérieuse nécessité qui s'imposait à nous de multiplier, pour nous affranchir de la Chimie allemande, nos laboratoires et nos fabrications industrielles.

Que ce genre d'entreprise, — comme toute industrie à feu continu —, fût particulièrement astreignant, et réclamât, puisque tout était à refaire ou même à créer, des courages plus hauts que les difficultés, et une obstination jamais lassée, ce n'était pas pour rebuter ce grand laborieux, qui n'eut jamais qu'un sentiment à l'égard du travail : le regret de ne pouvoir en faire davantage.

Qu'il y eût, en plus, des risques professionnels, propres à l'industrie chimique, où les matières premières employées sont parfois susceptibles de réactions violentes, et parfois aussi attentent sourdement à la santé de ceux qui les manient, cela non plus n'était pas pour intimider l'ex-artilleur, si entraîné à vivre en plein danger sans perdre le sourire.

Paul Bertrand s'installa donc dans cette banlieue ouvrière de Lille, sur les rives de la Deûle, qui commence à peine à cet endroit à s'empoisonner de toutes les déjections de la ville. Il y devait vivre à l'ombre de ces bâtiments aux architectures étranges, dont la science la plus utilitaire a exclusivement commandé le style, forteresse de bois et de métal dominée par ses donjons fragiles, qui portent les noms illustres de Glower et de Gay-Lussac.

Isolés d'ailleurs de l'agglomération urbaine par d'assez vastes étendues de champs et de parcs, les établissements Kuhlmann, de Loos, rachètent par l'aspect riant de leurs abords, l'austérité de leurs lignes... et celle de leurs parfums. Pour un passionné de sciences, ils avaient surtout cet avantage d'offrir un vaste champ de travail à l'esprit chercheur, et de nombreuses occasions d'expériences fécondes. Leur devise n'avait pas de résistance à vaincre pour devenir la sienne : « La science éclaire l'industrie. L'industrie féconde le travail ». En fait « ses débuts chez Kuhlmann, écrit un de ses confidents, lui plurent beaucoup » (1).

Nous pouvons, grâce aux lettres familières de Paul, le suivre dans ses occupations, et aussi dans ses impressions intimes, car la profession ne saurait être pour lui. — ce qu'elle est, hélas ! pour trop d'hommes d'aujourd'hui, — une activité extérieure, machinale, impersonnelle, à laquelle l'âme reste étrangère.

Nous le voyons aux prises avec les différentes fabrications, qu'il s'agit de reconstituer, en y apportant tous les perfectionnements possibles. C'est l'acide nitrique, c'est le sulfate de soude, ce sont les produits chlorés qui l'absorbent d'abord, mais pour peu de temps.

Dès novembre 1921, en effet, un poste devenant vacant, le voilà qui passe à d'autres tâches — c'est-à-dire à de nouveaux problèmes —, et avec plaisir.

On lui confie la fabrication de l'acide sulfurique, ou plutôt de l' « oléum », par le procédé de contact, et celle du bisulfite de soude, destinée à récupérer le SO^2 provenant de l'atelier de contact. C'est une nouvelle invention qu'il faut mettre au point.

Trois mois après, un nouveau départ d'ingénieur lui fait attribuer d'autres spécialités : l'acide sulfurique ordinaire, et la lessive de soude caustique.

Loin de se plaindre, le jeune chimiste aborde tout

------

(1) Lettre de M. C. P., 19 septembre 1925.

nouveau travail comme une conquête à mener rondement.

« Je suis très satisfait, écrit-il après le premier changement : j'avais peur de m'encroûter dans le chlore. Au contraire, me voilà dans une fabrication moderne, et dans la partie la plus récente de l'usine, — celle qui a été mise en état depuis la guerre —, fabrication intéressante et très importante » (1).

C'est le savant qui parle. Les surcharges ne l'effraient pas, car tout est profit pour apprendre, et les difficultés mêmes sont une école nécessaire.

Elles ne lui manquent pourtant pas. Tous les initiateurs savent ce qu'il en coûte d'ouvrir des chemins et de passer le premier. Les créations industrielles n'échappent pas à cette loi. Paul Bertrand en fait la laborieuse expérience.

« Chaque jour, écrit-il, le 28 juin 1922, apporte sa part d'ennuis et de succès. Mais ne sommes-nous pas ici précisément à cause de cela et pour cela ? Si tout marchait tout seul, il suffirait de construire, de mettre en marche, et ensuite n'importe qui pourrait, sans aucune étude ni entraînement préalable, diriger les fabrications. Ce serait fâcheux pour l'avenir des Ecoles » (2).

Et, quelques mois plus tard, notant de nouveau les ennuis de fabrication qui viennent compliquer sa vie, et souvent confisquer ses repos, il ajoute avec une belle sérénité : « Petit à petit, on prend « de l'estomac » et on encaisse, sans trop sourciller, les désagréments fréquents dans la vie industrielle. »

Sans doute certains jours seront un peu plus sombres, comme celui où, — nous l'avons vu —, il re-

____

(1) Lettre à D. M., 4 novembre 1921.
(2) Au même.

gardait avec envie vers La Louptière, et vers le calme et vivant travail des champs.

C'est qu'aux difficultés va s'ajouter le surmenage, et la prospérité renaissante de l'industrie du Nord va rendre son travail écrasant.

« La reprise des affaires est telle, écrit-il déjà le 4 novembre 1921, que tous les jours nous devons pousser au maximum la production des ateliers. Nous rallumons de nouveaux fours et mettons de nouveaux appareils en marche. C'est ainsi que je viens de mettre en route une troisième unité de « contact », portant à peu près à trente-six tonnes la production journalière d'oléum à l'Usine. Les distilleries et les sucreries reprennent et consomment beaucoup d'acide sulfurique 60. Les mines font de même pour la fabrication de sulfate d'ammoniaque. Du côté des produits chlorés, grosse demande, qui va probablement s'accroître, par suite de la remise en marche des filatures et tissages de la région Roubaix-Tourcoing ».

Pronostics pleinement vérifiés, comme le montre une lettre de l'année suivante, où perce un peu de désenchantement. « Ce n'est pas certes que nous soyons ici sous le coup de la crise générale, il s'en faut ! Depuis le début de l'année, nous fabriquons plus qu'avant-guerre et nous ne produisons pas assez. »

Pourquoi donc cette ombre qui passe sur le bel entrain des débuts ? Plusieurs lettres successives en ont reçu quelque mélancolique reflet. Lassitude ? Oui, réellement. Et même nouvelles pensées d'évasion vers des emplois moins exigeants.

« Ici, avoue-t-il le 8 septembre 1922, j'ai beaucoup de travail et d'ennuis. La question ouvrière est toujours brûlante, surtout à cause du manque de main-d'œuvre. Les soucis divers se multiplient. Vraiment on devrait réfléchir plus que je ne l'ai fait, avant de se lancer dans une industrie à feu continu. En dehors de la satisfaction du devoir accompli, — et encore l'a-t-on toujours ? on peut toujours se reprocher quelque chose ! — on n'en a guère d'autre. Malgré tout, on continue, comme le nègre... » (1).

Un mois plus tard, il s'excuse un peu d'avoir paru accessible au « cafard », lui qui pendant la guerre, l'avait toujours combattu victorieusement : « C'est que, écrit-il, le travail des ingénieurs ici est considérable, et j'étais peut-être sous le coup de la fatigue qui en résulte » (2).

Il confesse même bien simplement avoir été touché par la préoccupation la plus tyrannique d'après-guerre, celle de l'argent, bien légitime certes dans de telles limites : « Mes occupations avaient fortement augmenté, et mes appointements étaient restés stationnaires, de sorte que j'étais peut-être un peu dégoûté... Mais depuis, les poignées de main chaleureuses du directeur général et du directeur technique se sont traduites d'une manière plus sensible. A son dernier passage, le directeur technique, en m'annonçant une notable augmentation, m'a dit qu'il pensait bien que je ne quitterais pas les Etablissements Kuhlmann, et que j'étais un de ceux sur qui il comptait. Je l'ai remercié, mais je n'ai pas engagé l'avenir qui ne m'appartient pas. Comme je suis en ce moment assez fatigué, je compte partir en congé pour trois semaines dans une quinzaine de jours » (3).

Il faut ajouter d'ailleurs que Paul Bertrand traversait à cette époque (automne 22) une très douloureuse épreuve intérieure, dont il sera question plus loin.

Quoi qu'il en soit, ces fluctuations n'entameront en rien sa magnifique conscience professionnelle, allant, — ce mot est de son directeur général —, jusqu'au

---

(1) Lettre à D. M.. 8 septembre 1922.
(2) Lettre à D. M., 8 octobre 1922.
(3) Lettre à D. M., 8 octobre 1922.

« dévouement absolu », ni cette « inaltérable bonne humeur », jadis admirée des Dardanelles à Verdun et à Château-Thierry.

Un jour viendra où il pourra écrire au même correspondant : « Malgré mon travail intense, je me plais beaucoup mieux ici qu'il y a quelques mois, et, en dépit des ennuis de l'industrie chimique et des difficultés inhérentes aux usines à feu continu, je pense moins à aller sous d'autres cieux » (1) .

Il est vrai qu'à ce moment-là, Paul aura à Loos un foyer conjugal, où quelques semaines plus tard lui naîtra un premier bébé. Et tout à la reconnaissance envers Dieu, il se sentira plus fort dans la lutte quotidienne contre la matière.

Six mois après, il mêle, dans ses lettres, aux agréables badinages d'un heureux papa, tout fier des progrès de son fils, les confidences d'un professionnel non moins satisfait.

« Je viens de procéder à la pesée du petit Edmond : 6 kilogs 620. J'avais précédemment calculé qu'à cette allure il pèserait une tonne à cent ans. Je ne serai plus là pour le constater, et le faire passer sur le pont-bascule, — heureusement !...

« Quant aux occupations professionnelles, — de plus en plus absorbantes et de plus en plus attachantes —, on finit par être vraiment dans la peau de l'homme de métier, et chaque jour augmente l'expérience acquise, la capacité de résoudre les diverses questions qui chaque jour se posent dans la grande industrie chimique. Et cependant combien d'énigmes restent encore sans réponse ! Que de vies d'hommes seront encore employées à scruter un petit coin de la nuit scientifique ! Chaque nouvelle solution fait découvrir de nouveaux problèmes, de telle sorte qu'à mesure que s'élargit le

____

(1) Lettre du 17 mai 1924.

cercle des connaissances humaines, la sphère de l'inconnu augmente plus encore de diamètre » (1).

Ainsi l'industriel était loin d'avoir tué le savant. Le père de famille même aimait à lui céder la parole. Ni l'un ni l'autre pourtant ne faisait oublier le chef, l'homme sur qui pèsent d'autres responsabilités que celles de ses machines et de ses calculs, l'homme qui a dans sa main le travail, le bonheur, la vie d'autres hommes, et à qui il en sera demandé compte par Dieu.

*
* *

L'ancien commandant de batterie du 120ᵉ était en effet, après deux ans de studieuse interruption, redevenu un chef. De nouveau il fallait, non plus enchaîner des raisonnements et aligner des formules, mais bien entraîner des volontés humaines et les coordonner en vue d'un rendement.

Paul Bertrand n'avait, semble-t-il, pour y exceller, qu'à se souvenir. Il avait connu un milieu où chefs et subordonnés, unis étroitement dans un même devoir et dans un même intérêt, pouvaient compter les uns sur les autres et sentaient leurs énergies décuplées par cette confiance.

Ce milieu, il rêvait de le retrouver dans l'industrie, ou de l'y reconstituer.

Il ne se dissimulait pas que l'un des facteurs essentiels d'une telle harmonie était une commune abnégation, l'émulation généreuse dans le service et dans le péril. Mais de son côté, il se trouvait prêt à se dépenser pour ses hommes, aussi largement qu'au front. Aux ateliers non plus, les moyens ne manqueraient pas de « prendre rapidement sa troupe en main : d'abord et

---

(1) Lettre à D. M., 5 novembre 1924.

avant tout l'activité et l'exemple ». Et, mille occasions s'offriraient pour s'attacher par une bienveillance sincère en même temps que par une supériorité incontestable, un personnel qui après tout représentait la même humanité dont il avait admiré jadis les ressources morales.

C'étaient là les pensées de son cœur, en prenant le commandement de ses contremaîtres et de ses ouvriers. Nous en trouvons en effet l'expression complète dans ce que nous appellerions volontiers sa théorie du gouvernement des hommes, rédigée durant le premier hiver passé à Loos, et dont nous avons donné plus haut une analyse détaillée (1).

Clairvoyant et réaliste comme il l'était, notre ingénieur constata vite que, s'il avait affaire aux mêmes hommes que jadis, l'ambiance avait bien changé.

Il cherche en vain les manifestations de ces valeurs spirituelles, qui transfiguraient l'homme du front et lui faisaient dominer toutes les servitudes matérielles. Le rayon qui révélait les âmes a bien pâli. Il voit souvent devant lui des hommes sans allure, sans expression, sans idée, louant leurs bras pour manger, et subissant en esclaves un travail, qu'on leur apprend à maudire, une autorité qu'on leur ordonne d'exécrer.

« Quand on considère la situation économique actuelle, écrit-il en juillet 21 (2), et quand on songe à l'initiative que l'on avait pendant la guerre, on regrette un peu cette vie nomade que l'on a menée pendant cinq ans, où toute l'unité vibrait à l'unisson du cœur du chef, et où tous étaient guidés par des sentiments autres que l'intérêt, ou par d'autres intérêts que l'appât du gain.

----

(1) Chapitre II.
(2) Lettre à D. M

« C'est cette impression, — d'avoir vécu des heures où seuls comptaient le devoir, l'amour, la patrie, — qui fait que malgré tout, de temps en temps, quand nous jetons un regard en arrière, nous sommes obligés de nous dire : Ah ! les braves gens !... Ce sont les mêmes cependant que nous côtoyons tous les jours, mais retombés dans les erreurs d'antan, et si faciles à dévoyer !... proie toute prête pour les faux prophètes, puisqu'ils ne sont plus réglés et stabilisés par une discipline qui, bien comprise, donnait satisfaction à tous, et appliquée avec une affectueuse bienveillance, fait effectivement la force principale des armées ».

Comme, au point de vue technique, il avait encore, malgré toutes ses mathématiques, bien des choses à apprendre, ainsi il s'aperçoit qu'au point de vue moral, les expériences de la vie militaire ne suffisent plus. Un nouvel apprentissage s'impose, pour conquérir son personnel.

N'est-ce pas à cela qu'il pensait en écrivant ces lignes :

« L'autre jour, un de mes camarades me citait un mot d'un de ses anciens professeurs, et je crois qu'il est assez intéressant pour que je te le répète. Car, s'il peut servir d'excuse à bien des abus et à bien des indélicatesses, je crois qu'appliqué avec mesure et avec le sens de la justice, il peut donner des résultats féconds.

« D'après lui, les conditions à remplir pour réussir dans une entreprise quelconque, sont : le savoir, le savoir-vivre, le savoir-faire.

« Le savoir, tout polytechnicien le possède, ou tout au moins, a une formation qui lui permet de l'acquérir rapidement. Le savoir-vivre, je n'en parle pas. Quant au savoir-faire, c'est peut-être ce qu'il y a de plus difficile à réaliser.

« C'est la même idée qu'on exprime en disant qu'on

peut tout entreprendre, mais qu'il y a la manière (1) ».

Il comprend très bien que le remède est bien plus d'ordre psychologique que d'ordre économique, et que toutes les institutions sociales, — auxquelles, nous le verrons, il prendra le plus grand intérêt —, ne remplaceront jamais l'action par contact direct d'une âme de vrai chef.

Pour exercer cette action, Paul Bertrand commencera par fortifier contre tous les assauts, son optimisme naturel, appuyé déjà par tout son passé d'officier. Il se redira souvent ce qu'il écrivait le soir du 14 septembre 1921 : « Ce sont cependant les mêmes que nous côtoyons tous les jours ».

Son regard verra, sous les dehors vulgaires, et derrière des physionomies impénétrables, ce dont eux-mêmes n'ont plus que si vaguement conscience, et ce qu'il prend à tâche de réveiller : des sentiments plus hauts que l'égoïsme, et plus forts que l'instinct.

Et ce sera un regard assez aimant pour devenir créateur.

Il fallait entendre comment il parlait des ouvriers, comme il était prompt à les défendre contre un injuste mépris, ou contre des généralisations sommaires, comme il savait chercher des responsables aux crises dont on se plaignait, ailleurs que dans la masse prolétarienne.

Le 15 octobre 1922, il fit devant un assez nombreux auditoire d'ingénieurs, une conférence sur *Le rôle de l'ingénieur, devant la crise de la conscience professionnelle.* Il importe de nous y arrêter un moment, car quand Bertrand parle ou écrit, il y met toujours quelque chose de son cœur (2).

____

(1) *Ibid.*

(2) Cette conférence a paru en résumé dans *l'Echo de l'Union sociale d'ingénieurs catholiques,* de décembre 1922.

Or son cœur n'appartient qu'à Dieu et à tout ce que Dieu aime ; très particulièrement à tous ceux pour qui la vie est dure, incertaine et parfois abrutissante : aux ouvriers de la grande industrie.

Voici son début :

« Si on recherche les causes des difficultés économiques de l'heure présente, on constate que la loi de huit heures et la crise de la conscience professionnelle ont été les boucs émissaires que l'on a chargés de tous les péchés d'Israël. »

C'est de cette sentence, proférée sans nuances par l'ensemble des milieux bourgeois, que notre ingénieur a l'intention d'appeler, devant une opinion impartiale.

De la loi de huit heures, il reconnaît volontiers que « son vote hâtif à un moment inopportun et son application étroite ont compliqué une situation, déjà difficile. » Mais ce n'est pas là son sujet.

Quant à la conscience professionnelle, cette grande coupable, — dans laquelle un trop grand nombre ne veulent voir et incriminer que la conscience ouvrière, — il élargit le débat et se demande d'abord s'il ne faut pas plutôt dénoncer « la crise de la conscience en général, ou peut-être plus exactement la réussite, grâce à la guerre, de gens peu consciencieux. »

On a en effet raisonné d'une façon par trop superficielle.

« On a constaté après guerre une diminution du rendement horaire de l'ouvrier et d'autre part une diminution de qualité des produits manufacturés. On a conclu immédiatement à un amoindrissement de la conscience professionnelle de l'ouvrier, sans remarquer

---

Bien des fois cependant nous préférons à ce texte plus didactique, mais moins personnel, celui du manuscrit original, écrit de la main même de Bertrand ; c'est un premier jet, l'homme s'y révèle mieux.

que les conditions de travail n'étaient plus les mêmes
que celles d'avant-guerre. Car d'une part le travail
était effectué avec un matériel usé et mal entretenu depuis cinq ans, ou bien avec un matériel neuf, pas
encore mis au point, et exigeant de longs tâtonnements
avant de fournir le rendement et les qualités es-
comptées. D'autre part il ne faut pas perdre de vue
que, dans bien des cas, les ouvriers adaptés à leur travail avant la guerre, ont dû après un arrêt de quatre à
cinq ans reprendre un entraînement qu'ils avaient perdu et, pour un grand nombre, s'entraîner à un travail
qu'ils n'avaient jamais fait. »

Non content de cette remarque préalable, inspirée,
comme toute la conférence d'ailleurs, par une expérience industrielle de plus de deux années, Paul Bertrand discute point par point les considérants de l'ac-
cusation et, trop positif pour se borner à réviser les
responsabilités, il cherche immédiatement, après les
vraies causes du mal, les remèdes appropriés.

« L'ouvrier, continue-t-il, serait revenu de la guerre
avec des habitudes de paresse. Il aurait adopté comme
règle de conduite les principes bien connus de « ne pas
s'en faire » et de « ne jamais faire le jour même ce
qu'on peut faire faire le lendemain par un autre ».

« Il est certain que la guerre n'a pas fait disparaître
les paresseux de la surface du globe, mais y en a-t-il
plus qu'avant ? C'est là une question à laquelle aucune
statistique ne peut répondre. Le vrai moyen de diminuer le nombre des paresseux est de réduire les occasions de paresse, et cela par la surveillance. C'est un
devoir d'éviter que le temps qui doit être passé au travail ne soit gaspillé. Et il y a lieu de se rappeler que
si le bon exemple est contagieux, la paresse l'est encore
plus. Lorsqu'un petit nombre de bons ouvriers est
obligé de faire tout le travail sous les yeux amusés et
narquois d'amateurs qui ne font rien, les bons ouvriers

deviennent vite médiocres et se dégoûtent rapidement d'une tâche qu'ils sont seuls à assumer.

« Mais puisque j'ai parlé de l'exemple, il y en a un que l'ingénieur peut donner, c'est de faire lui-même consciencieusement son devoir.

« Dans bien des cas, il suffit d'être simplement là, de même que pendant la guerre, il suffisait à l'officier d'être à la tête de sa troupe pour que celle-ci suivît avec confiance. Et faut-il rappeler que la ténacité dans l'effort, et l'ardeur au travail sont des facteurs de succès autrement importants que l'intelligence ou la fortune ?

« Autre grief : l'ouvrier n'aspirerait plus qu'au plaisir, tout pour lui se ramènerait à vouloir jouir.

« Est-ce là encore un reproche spécial à faire aux ouvriers? Et n'ont-ils pas trop souvent sous les yeux les exemples de ceux qui devraient être leurs guides ? et, dans la tête, l'enseignement d'une morale sans Dieu et sans idéal, où la vie ne vaut que par son côté terrestre ? A quoi bon dès lors s'épuiser dans un labeur quotidien, fastidieux et pénible ?

« Et tandis qu'à un niveau social plus élevé, on se livre à des plaisirs raffinés et à un dilettantisme amollissant, l'ouvrier, de son côté, oubliant lui aussi que, si le plaisir est une partie de la vie, la vie n'est pas une partie de plaisir, se divertit avec les moyens mis à sa portée, le cinéma, l'alcoolisme et les mœurs relâchées. Mais ces tristes exemples ne sont pas la généralité, il s'en faut ; ils ne sont peut-être pas plus nombreux qu'avant-guerre. Que les salles de cinémas soient plus remplies, devons-nous tant le déplorer, si corrélativement les estaminets se sont vidés ? Or l'alcoolisme n'a-t-il pas fait depuis la guerre et particulièrement dans le Nord, un grand pas en arrière ? »

Ici encore un devoir s'impose à l'ingénieur, en particulier à l'ingénieur catholique.

« Il ne saurait évidemment être question de faire

dans une usine un apostolat direct que les circonstances ne favorisent pas. Mais il y a une façon de montrer que l'on a un idéal élevé, qu'il y a moyen de mener une vie régulière, et de se contenter de plaisirs honnêtes, et que la religion est toujours le grand moteur qui permet de faire son devoir, quoi qu'il en puisse coûter.

« Enfin, dit-on, l'ouvrier ne s'intéresse plus à sa tâche. Il ne songe qu'à s'en débarrasser le plus rapidement possible.

« Cette dernière question pourrait faire à elle seule l'objet de longues discussions. . L'artisan d'autrefois travaillait pour et avec son patron qu'il connaissait, et leurs intérêts étaient confondus. Il s'intéressait à sa besogne, qui était tout entière entre ses mains, et dont le produit était vraiment son œuvre.

« Actuellement, avec le développement du machinisme, le travail est souvent indépendant de l'habileté de l'ouvrier ; c'est lui qui sert la machine, et non le contraire. D'autre part, dans bien des cas, il travaille pour un patron qu'il ne connaît pas, et qui lui-même ne peut connaître les ouvriers (et comment les connaîtrait-il quand il s'agit de Sociétés anonymes ?).

« Quel est alors l'intermédiaire entre le patron et l'ouvrier, sinon l'ingénieur ? C'est à lui de ramener l'intérêt de l'ouvrier sur sa tâche. Pour cela, il s'efforcera de montrer d'abord à l'ouvrier que tout marche mieux et que l'on est plus tranquille, quand le travail est fait soigneusement, et il lui fera trouver un intérêt pécuniaire dans la bonne exécution de son travail, grâce à des primes de bon rendement, comme les préconisent tous ceux qui ont en vue l'amélioration de la main-d'œuvre.

« En somme, l'ingénieur traitera les ouvriers plus comme des collaborateurs associés à la même œuvre, que comme des subalternes dont on exige un temps de présence.

« On ne peut d'ailleurs s'empêcher de remarquer

que l'ouvrier a facilement l'orgueil de son travail. Je n'en veux pour preuve que cette expression des ouvriers du Nord lorsqu'ils sont en face d'une besogne longue et fastidieuse :

« Il n'y a pas d'honneur à faire ce travail-là ».

Tout en préconisant l'action morale de l'ingénieur, le conférencier n'a pas oublié de rappeler que la crise de rendement comporte aussi des solutions d'ordre économique. Il y a d'une part moins d'ouvriers et moins d'heures de travail, et d'autre part plus de travaux à exécuter. Ce déséquilibre ne s'atténuera « que par des modifications dans les conditions de travail, et surtout par le perfectionnement de l'outillage industriel. C'est à cette condition-là seulement que vous parviendrez à faire rendre plus en huit heures à votre personnel qu'il ne fabriquait en dix heures ».

C'est encore là l'affaire des ingénieurs : « La façon de résoudre ce problème qui est bien rarement insoluble, varie évidemment avec les industries. Mais il ne faudra pas oublier que les solutions les plus simples sont toujours les meilleures, bien qu'en général ce soient les solutions compliquées qui se présentent d'abord. Il faut croire d'ailleurs que ce problème a déjà été étudié sérieusement dans de nombreuses branches de l'industrie, puisque le trafic de la Compagnie du Nord est actuellement supérieur à ce qu'il était en 1913, et qu'il augmente journellement.

« En résumé, conclut Paul Bertrand : on a reproché à la guerre d'avoir amené une crise de la conscience professionnelle. Mais les griefs qu'on élève contre le monde ouvrier ne datent pas de la guerre. Il n'est même pas bien sûr qu'elle les ait aggravés.

« Il y aura toujours de bons et de mauvais ouvriers. La guerre n'a ni diminué les qualités des premiers ni corrigé les défauts des seconds. C'est à nous de nous efforcer de rendre les mauvais moins nombreux et de nous attacher les bons. Pour cela revenons au conseil d'Ollé-Laprune « d'attribuer toujours à nos devoirs d'état une importance capitale ».

« Alors on ne parlera plus guère de crise de la conscience professionnelle. On peut remarquer d'ailleurs qu'on en parle déjà moins qu'en 1920 ».

Deux ans plus tard, durant l'hiver 1924-1925, il fut assez souvent question, dans les réunions d'ingénieurs, d'une autre crise, d'ailleurs très voisine de la première, la crise de l'autorité. C'était le temps où les prophètes de malheur annonçaient comme imminente la révolution communiste. Un jour qu'un certain nombre de ses collègues disaient ressentir assez nettement dans leurs usines l'effet de la propagande anarchiste, et se heurter à un mauvais vouloir, à une indiscipline croissante des ouvriers, Paul Bertrand prit la parole et déclara très catégoriquement n'avoir rien constaté de semblable dans ses rapports avec son personnel, pourtant assez changeant, très mêlé et en général peu affiné. C'était, sans s'en douter, faire son propre éloge, ce dont il n'était guère coutumier. Mais il lui semblait que la critique atteignait injustement l'ensemble de la classe ouvrière, et il n'hésitait jamais en pareil cas à s'en faire l'avocat.

Quand un chef parle ainsi de ses subordonnés, on peut aller écouter ce que disent les subordonnés de leur chef.

L'auteur de ce livre a tenté l'expérience, et, ayant demandé une autorisation spéciale au directeur de l'usine de Loos, il a eu la bonne fortune de parcourir les immenses ateliers, dont Paul Bertrand a eu la direction. Il a interrogé parmi les ingénieurs, contremaîtres et simples ouvriers, ceux qui l'ont vu de plus près et le plus longtemps. Et il ne peut oublier l'accent de ces simples phrases recueillies au cours de son enquête:

« Je n'ai jamais vu un ingénieur comme ça, dit un de ses contremaîtres. Il nous traitait plutôt en amis qu'en inférieurs... Et comme il savait encourager son monde!... Je n'ai jamais vu un homme regretté comme Monsieur Bertrand l'a été. »

Et le visiteur remarqua qu'en parlant ainsi, le témoin se troublait, et qu'au milieu de ce visage à la fois énergique et doux, où se voyait comme un reflet de la bonté de son ancien chef, il y avait des yeux qui devenaient humides.

Plus loin, un brave ouvrier flamand, bien planté, solide et haut en couleurs. Dès qu'il sait que c'est de M. Bertrand qu'on veut lui parler, un sourire un peu triste affine ses traits :

« Ah ! Monsieur, un pareil, on en verra peut-être encore. Mais un meilleur, on n'en retrouvera jamais. »

Et l'ingénieur qui nous pilotait, ajouta, tandis que nous nous éloignions :

« Au point de vue professionnel, il était parfait. Mais surtout c'était un homme de grand cœur. Quand je suis arrivé, tout nouveau dans la partie, c'est lui qui a été chargé de me mettre au courant. Il l'a fait avec un tact et une bienveillance qu'on trouve rarement à ce degré.

« Quant aux ouvriers, le simple bonjour par lequel ils répondaient au sien quand il les rencontrait, montrait que c'était un chef très aimé ».

Je ne pus avoir un autre son de cloche, et comme je disais à l'ouvrier dont je viens de parler, que je cherchais quelqu'un qui put me dire du mal de Monsieur Bertrand :

« Eh bien, Monsieur, vous pouvez aller loin. Mais vous n'en trouverez pas. Cet homme-là, c'était impossible de ne pas l'aimer. »

Un médecin de Lille, le Docteur D..., qui fut souvent appelé à l'usine Kuhlmann pour soigner les ouvriers malades ou blessés, a reçu d'eux bien des confidences, et entendu bien des appréciations sur le milieu et sur les chefs. Ceux qu'il voyait n'étaient pas triés, car les accidents ne font pas acception de personne. Il eut à traiter des socialistes de toutes les teintes, et des libres-penseurs de tout degré. Or, « tous, affirmat-il, étaient unanimes dans leur admiration affectueuse pour M. Bertrand. Il les avait vraiment conquis. C'était pour eux un camarade supérieur, auquel on obéissait mieux qu'aux chefs les plus impérieux. Et plusieurs fois j'ai entendu sur leurs lèvres cette réflexion : Ah ! si tous les dirigeants étaient comme lui !... J'avais d'ailleurs souvent affaire à lui dans ces occasions. Car il avait pour « ses blessés », comme il disait, une affection touchante. J'ai vu des larmes jaillir, un jour qu'on venait lui annoncer la maladie grave d'un de ses hommes. Et je l'ai souvent trouvé à leur chevet. »

Ainsi jugeait également son directeur, homme de grande énergie et de vigoureuse autorité :

« J'aurais eu tendance à le trouver trop bon. Je dois reconnaître cependant qu'il avait sur les ouvriers une emprise extraordinaire. »

Il pouvait donc parler du rôle de l'ingénieur et de son influence possible, avec autant de droits qu'il en avait à définir l'officier idéal.

Ce n'est pas pourtant qu'il n'ait jamais eu à souffrir lui-même de cette fameuse crise de conscience professionnelle.

Mais l'épisode ne se passe pas à l'usine. Et sans doute ne fit-il que confirmer Bertrand dans son opinion que les salariés n'en sont pas les seuls responsables :

« La crise domestique chez moi n'est pas encore dénouée, écrit-il à un ami le 17 mai 1924. Une bonne que nous avions engagée aux conditions qu'elle nous avait demandées, n'est pas entrée au jour fixé. Renseignements pris, elle était partie dans une autre ville des environs de Lille chez une personne qui était venue la chercher en auto.

« Et nous sommes gros-Jean comme devant. C'est la surenchère qui a dû jouer. Le procédé, paraît-il, est courant, et semble maintenant tout naturel ! » (1).

Et ce ne fut pas la déception d'un jour, réparée le lendemain. Car six mois après, une lettre revenait sur le même sujet, et montrait le problème toujours au même point :

« Quant à la question domestique, — question grave qui se pose avec la même acuité sous toutes les latitudes — elle ne peut être facilement résolue que dans des cas très particuliers. La solution générale n'existe pas.

« Ici nous avons toujours la même femme de ménage, très dévouée, très attachée au petit. Elle vient tous les jours deux ou trois heures, ce qui permet d'attendre la solution définitive. On l'attend toujours, et lorsqu'on veut pousser une investigation et que, du haut de la tour, on interroge l'horizon, on ne voit que « l'herbe qui verdoie et la route qui poudroie »... Oh ! pardon, dans ce pays on ne voit jamais la route qui poudroie ; car c'est le pays de la pluie et de la boue. Elles sont ici en terrain d'élection, et il faut vivre avec elles » (2).

Disons bien vite, à la décharge de cette patrie d'adoption, envers laquelle il use, — pour une fois —, d'une si ingrate généralisation, que cette lettre est écrite par une soirée de novembre, probablement assez maussade et sans doute après une journée copieusement arrosée, où la circulation à travers l'usine, c'est-

---

(1) Lettre à D. M., 17 mai 1924.
(2) Lettre à D. M., 5 novembre 1924.

à-dire presque toujours à ciel découvert, et sur terrain non empierré, avait dû ressembler un peu à une navigation par temps d'orage.

A propos de cette crise ménagère qui lui cause d'assez sensibles embarras, il ne lui vient pas à la pensée d'y trouver prétexte à diatribes ou à récriminations contre les défauts et la mauvaise volonté des salariés en général, et des domestiques en particulier. Ce sont là d'ordinaire saillies de mauvaise humeur, bien plus que jugements raisonnés. Or, dans la vie que nous retraçons, de l'avis unanime, c'est chose inconnue que la mauvaise humeur.

Aussi, en cette même année 1914, nous avons pu voir Paul Bertrand applaudir sans réserve à une sensationnelle conférence de M. Jacques Valdour, le très distingué et très éminent sociologue, dont les enquêtes directes et prolongées auprès des milieux ouvriers, — en s'y mêlant et en s'y incorporant même jusqu'à passer auprès de tous pour un ouvrier comme les autres —, ont une valeur unique de documentation vécue.

M. Jacques Valdour abordait, en présence d'environ quatre-vingts ingénieurs et patrons, ce sujet brûlant : « L'action patronale et la psychologie ouvrière ».

Paul Bertrand, secrétaire de l'Assemblée, prenait avidement des notes.

Son compte rendu imprimé (1) aime à souligner cette affirmation de l'orateur, appuyée par de multiples exemples, — et si conforme à ses propres conclusions —, que « sous des apparences souvent contrai-

____

(1) Paru dans l'Echo de l'U. S. I. C., de juin 1924. Cette conférence fut également donnée devant un groupe d'ingénieurs de la région de Valenciennes, le 21 décembre suivant et fut l'objet d'un autre compte rendu dans l'Echo de février 1925.

res à la réalité, l'ouvrier a, innés en lui, les sentiments suivants : le patriotisme, le sens de l'autorité, de la hiérarchie, de la discipline, le goût du travail, l'amour du métier, de la prévoyance et de l'économie, l'amour de la famille et, par dessus tout, un ardent désir de propriété ».

Affirmation paradoxale pour ceux qui jugent par le dehors, soit qu'ils n'aient pas réussi, soit même qu'ils n'aient pas cherché à connaître l'homme du peuple tel qu'il est.

Valdour comme Bertrand, savent bien « qu'il y a, dans l'ouvrier, deux hommes, un homme d'ordre et un homme de désordre ; un être capable de moralité, de délicatesse et de dévouement, et un être violent, envieux, révolté ».

Mais ils savent aussi que le premier est le résultat d'un long atavisme de civilisation chrétienne, dont le bienfait demeure, même quand on l'oublie, au lieu que le second n'est « qu'un produit artificiel du milieu politique, économique et social, fils de l'école laïque, du libéralisme économique, du capitalisme égoïste et de la propagande révolutionnaire ».

De ces deux hommes, celui-là l'emportera, — et décidera de l'avenir de la société —, auquel il aura été fait plus puissamment et plus efficacement appel.

« Le patron, l'ingénieur, ne doivent donc pas méconnaître le rôle d'éducateurs qu'ils ont à remplir auprès de leurs ouvriers. Par leur exemple, et en s'inspirant de leurs sentiments chrétiens et des enseignements du Christ, ils relèveront le niveau moral de ceux qui contribuent par leur travail à la prospérité de leurs entreprises. »

Et le secrétaire ne s'est pas privé du plaisir de noter que cette conférence « soulève l'enthousiasme de l'assistance et provoque de nombreux et fréquents applaudissements ».

De nouveau, en juillet suivant, lui-même prend la parole devant ses pairs.

C'est encore des ouvriers qu'il va parler.

Sa conférence a pour titre : « De la main-d'œuvre industrielle » (1).

Il est, depuis quelques mois, sous-directeur des Etablissements Kuhlmann de Loos.

Il connaît de près les soucis et les responsabilités de l'organisation générale. La question de la main-d'œuvre à recruter, à choisir, à utiliser au mieux, ajoute à tous les problèmes techniques, un problème humain sans lequel tous les autres ne peuvent être résolus, et d'où dépend leur plus ou moins heureuse solution.

C'est sa préoccupation quotidienne. La main-d'œuvre est rare, elle est instable, elle est composite et hétérogène. Et d'autant plus que le genre d'industrie dont il s'occupe réclame surtout des manœuvres et peu d'ouvriers spécialisés.

Ici encore l'occasion était bonne de répandre un peu de fiel, de manifester, au moins sobrement, l'impatience du chef d'entreprise dont les calculs sont déjoués par l'intervention fréquente et fâcheuse de cette inconnue gênante : le facteur humain.

N'ayons crainte : l'occasion sera manquée.

L'homme n'est pas pour Bertrand une simple donnée dont il faut faire état dans les calculs financiers ou économiques. L'homme est bien plutôt le but que le moyen, dans l'entreprise industrielle. Ce n'est pas lui qui est créé pour elle, c'est elle qui est créée pour lui. Elle doit le faire vivre, et lui permettre ainsi de remplir tout son devoir d'homme. Malheur à elle et à ceux qui l'incarnent, si elle abuse de lui, si elle le démoralise, et le transforme en machine. Elle n'y gagnera qu'une

----

(1) *Echo de l'U. S. I. C.*, 1924, pp. 329 et suivantes.

machine grinçante et rebelle, dont elle n'aura alors que trop d'occasions de se plaindre, sans en avoir le droit.

Les deux grandes qualités de Paul Bertrand se retrouvent dans son exposé : la clairvoyance et la sympathie.

Il sait que l'embauchage des ouvriers a été trop souvent abandonné à des sous-ordres incompétents, c'est-à-dire au hasard.

« Plus près de l'ouvrier, le connaissant mieux (que l'ingénieur ou le patron) on pouvait croire que de préférence à tout autre, le contremaître serait apte au recrutement de la main-d'œuvre. On restait d'ailleurs dans la logique de la décentralisation, qui permettait à chacun d'avoir sa sphère de responsabilité nettement déterminée.

« En fait, dans bien des entreprises et beaucoup d'usines, le recrutement de la main-d'œuvre s'opérait directement par le contremaître. Cette pratique était très répandue dans le Nord avant-guerre ».

Or, « nous avons déjà eu l'occasion de dire combien le problème du choix des contremaîtres était angoissant, leur formation ayant toujours été négligée. Le plus souvent, lorsqu'il s'agira de la nomination d'un contremaître, on aura grand intérêt à prendre, parmi les ouvriers, un de ceux qui, par sa valeur morale, son autorité sur ses camarades, sa valeur professionnelle, s'est fait remarquer et a montré qu'il était capable d'être un chef. Mais cette sélection n'est pas facile ; combien rares sont ceux qui répondent à ces conditions ! Pour que ces qualités apparaissent chez des individus, dans des circonstances où ils n'ont pas l'occasion fréquente de les manifester, il faut avoir affaire à des individus d'élite, à qui manque seulement une instruction générale profonde et une éducation qu'ils n'ont pu recevoir. »

Bref le système n'a pas résisté, après la guerre, à la sévère critique que devait exercer sur tous les anciens procédés, une industrie renaissante et contrainte à de véritables progrès.

« Les Américains, qui ont été nos précurseurs dans l'organisation de l'embauchage, l'ont bien compris et, à un Congrès de patrons à Ottawa (février 1921), M. Young, chef du personnel d'une grande compagnie de Chicago, disait : « Il n'y a pas bien longtemps, les services de recrutement se vantaient d'embaucher deux ou trois hommes par minute. Maintenant nous commençons à nous vanter de ce qu'il faille deux ou trois jours, et parfois deux ou trois mois, pour installer un nouvel employé dans sa tâche ».

Chez nous également, « la plupart des usines possèdent maintenant un service d'embauchage organisé, auquel dans certains cas est attaché un médecin. Ce service contrôle les entrées et sorties du personnel, permet de suivre les raisons déterminantes des fluctuations de la main-d'œuvre. Il place les ouvriers suivant leurs aptitudes intellectuelles, physiques ou techniques, et tend à réaliser un peu l'orientation professionnelle à l'intérieur de l'usine ou de l'atelier, dirigeant vers un autre service un ouvrier reconnu inapte à la première besogne assignée ».

Bertrand est heureux de constater ce souci, — allant jusqu'aux actes —, d'utiliser les valeurs humaines humainement.

Il ne sait que trop combien de difficultés demeurent.

Les vides sont malaisés à combler par suite de la guerre, de la dépopulation et de l'augmentation des usines en nombre et en importance. Les offices publics de placement finissent par lui procurer une main-d'œuvre étrangère abondante. Mais si, par ce moyen, on obtient l'effectif nécessaire, « il s'en faut, avoue-t-il, qu'en qualité (même en qualités uniquement professionnelles) l'immigration nous donne les gens dont nous aurions besoin ».

Elle donne d'ailleurs des gens « qui n'ont aucun

élément de stabilité : la patrie est loin, le foyer est absent et le goût des aventures se développe par les voyages. En fait, beaucoup de ces immigrants seront des voyageurs travaillant de çi, de là, et ne se fixant nulle part ».

Les Français eux-mêmes sont atteints par cette contagion. Il y a sans doute bien des exceptions, et « dans notre région en particulier, le nombre d'ouvriers ayant vingt, trente ou quarante ans de service dans la même usine est considérable. Mais à côté de ceux-là, quel est le nombre de ceux qui, tous les trois ou quatre mois, éprouvent le besoin d'aller chercher fortune, — ou infortune — ailleurs, oiseaux migrateurs qu'on revoit périodiquement dans les mêmes ateliers ! »

Cette question mérite qu'on s'y arrête, et notre ingénieur s'y est appliqué par devoir.

« A tous points de vue, affirme-t-il, on a intérêt à avoir une main-d'œuvre stable. Un ouvrier, même très bon dans sa spécialité, se trouve dépaysé dans un nouvel atelier. Il en résulte une perte de production dont on se rend compte facilement. Au point de vue de la bonne marche de l'atelier, l'instabilité est une cause de perturbation. Enfin, — et ce n'est pas un moins grave inconvénient —, elle empêche patrons ou ingénieurs, et ouvriers, de se connaître. Elle peut par suite être cause de conflits, déjà si difficiles à éviter entre gens qui se connaissent et s'estiment ».

Voilà le mal constaté, celui qui rend presque vaines les bonnes méthodes d'embauchage.

Y peut-on quelque chose ?

Assurément. Et il ne faut pas attendre d'avoir trouvé la recette magique, infaillible et définitive pour y remédier. Car Paul Bertrand a dans la tête la maxime d'Henri Poincaré : « Il n'y a pas des problèmes résolus et d'autres qui ne le sont pas. Il y a des problèmes plus ou moins résolus. » A chacun donc de les faire avancer d'un pas vers leur solution.

Comment donc arriver à stabiliser cette main-d'œuvre ?

La réponse révèle à la fois le psychologue avisé et le chef aimant ses hommes. « Il faut d'abord, dit-il, que l'ouvrier se plaise à son travail, qu'il soit en confiance dans son atelier. Tout ce qui peut développer la camaraderie, l'esprit de corps ou plutôt l'esprit de maison, tout ce qui permet à l'ouvrier d'être fier de l'usine à laquelle il appartient, contribue à stabiliser la main-d'œuvre.

« Mais surtout, une des conditions essentielles de stabilisation est le logement. On n'arrivera à fixer les ouvriers étrangers que le jour où on mettra à leur disposition des maisons où ils pourront vivre en famille, avoir un foyer. Ils ne seront plus alors des individualités perdues et ballottées au gré de leur fantaisie. Mieux encore, si ces foyers peuvent être groupés pour former une colonie de nationalité déterminée où la patrie se retrouve, et où les mêmes sentiments religieux peuvent se manifester ».

Ces conclusions comptaient parmi les plus nettes de ses idées sociales.

La question du logement ouvrier revient même dans ses lettres (1). On sent qu'elle le poursuit, et que, voulant rendre à l'ouvrier moderne son maximum de dignité morale, il se trouve là en face d'une condition indispensable de succès. Avant de se cultiver, il faut vivre. Or dans un taudis « on ne vit pas ; on y meurt, aussi bien physiquement que moralement, et spirituellement ».

Il est d'ailleurs heureux de constater que « bien des industriels l'ont compris et ont vu le danger qui menaçait non seulement l'industrie mais l'humanité. » Il trouve autour de lui, dans la région lilloise, de beaux

____

(1) En particulier : Lettre à D. M., 12 juin 1921.

efforts et de généreuses réalisations. A Loos même, d'anciens parcs évoluent peu à peu, par l'initiative d'industriels soucieux de leurs devoirs, en même temps que de leurs vrais intérêts, soit en cités-jardins, soit du moins en une série de logements bien aérés et pourvus d'un coin de terre.

Chaque jour en se rendant de chez lui à l'usine, par l'avenue Kiener, il a sous les yeux les grands alignements de maisons neuves bâties par l'usine Kuhlmann pour une partie de son personnel, et où se révèle, non seulement un juste souci de l'hygiène, mais encore quelque légère préoccupation esthétique. Et il ne peut que se réjouir de voir cet ensemble encadré par les grands arbres de l'ancien château, sous lesquels prend ses ébats une nombreuse marmaille.

Ce problème-là l'intéresse. Il en parle volontiers. Il suit et apprécie les résultats. Il n'est pas encore en situation de faire davantage.

Mais l'autre, où il s'agit d'obtenir « que l'ouvrier se plaise à son travail, et soit en confiance dans son atelier », celui-là, il en fait très personnellement son affaire.

Il sait en effet que l'homme du peuple, vivant peu dans l'abstrait, ne s'attache guère à une institution qu'à travers les hommes qui la représentent. Jésus-Christ a voulu une Eglise visible et visiblement sainte. Toute entreprise qui veut se faire aimer doit s'incarner en des personnalités aimables. Et les vertus, généralement froides et austères dans leur concept, ont besoin de passer, pour avoir toute leur chaleur conquérante, par des cœurs d'hommes, après avoir passé par le Cœur d'un Dieu.

Paul Bertrand s'attribua cette tâche, ou plutôt se reconnut ce devoir. Il y était d'ailleurs admirablement apte.

Il comprenait et savourait le sens étymologique du

mot : autorité, dont on lui montra un jour la racine dans le verbe latin : *augere*, qui veut dire accroître. Le chef serait donc celui qui « augmente », qui agrandit, qui fortifie, qui perfectionne ceux qu'il dirige. L'autorité devrait faire passer dans les inférieurs ce qu'elle doit posséder à plus haute dose : compétence, énergie, conscience, toutes les valeurs. Et, puisque donner, c'est une des formes de l'amour, il acceptait volontiers pour son usage cette définition qu'aucun dictionnaire ne donne : l'autorité, c'est une force aimante.

Rempli de cette force, il saura non seulement conseiller avec insistance à ses collègues de tous grades, de mettre l'exemple au premier rang de leurs moyens d'influence, mais encore le pratiquer lui-même avec une constance qui ne semble pas éloignée de l'héroïsme.

Exemple d'abord de conscience professionnelle, qui lui fait craindre de demander des privilèges, ou des exemptions, même les plus justifiées.

En octobre 1921, il apprend par une lettre de son père que sa mère est tombée dans la cave de la maison et s'est cassé la jambe. L'accident est sérieux, aggravé encore par la secousse de l'émotion. Le médecin est peu rassurant. Paul, très ennuyé, n'a droit à aucun congé à cette époque et ne veut pas demander de permission spéciale.

La Providence vint à son secours.

« Fort heureusement, écrit-il à un de ses amis (1), un client de Sens a réclamé dans le même moment pour une expédition de « super » (2) qui lui avait été faite. Aussi le directeur, M. Samsoen, à qui le sous-directeur avait appris l'accident dont ma mère venait d'être victime, m'a proposé de m'envoyer à Sens, pour

---

(1) Lettre à D. M., 4 novembre 1921.
(2) Superphosphate, produit fabriqué chez Kuhlmann.

examiner le bien-fondé de la réclamation. Parti le vendredi pour Sens, j'en ai profité pour passer le samedi et le dimanche à La Louptière. J'y ai vu maman, dont l'état est des plus satisfaisants ».

Chez lui la conscience professionnelle va jusqu'au dévouement.

« Être là », c'est sa grande recommandation aux chefs qui veulent être facilement et intégralement obéis, « être là, et travailler beaucoup par soi-même ».

Ses subordonnés se rappellent que partout où surgissait une difficulté, où un embarras se produisait, où un travail réclamait des soins particulièrement délicats, ou pénibles, on était sûr de trouver là M. Bertrand, non pas pour s'emporter contre les négligents, ou les maladroits, mais pour encourager d'abord — « il avait le mot pour ça », disent-ils —, et ensuite pour montrer comment il fallait s'y prendre, car « il n'était pas fier avec les gens » — c'est encore un de leurs éloges —, et, ayant le coup d'œil, il savait aussi donner le coup de main. Ce qui ne l'empêchait pas, — ce qui lui permettait au contraire d'autant plus — d'exiger et d'obtenir que chacun fît bravement son devoir.

La fabrication de l'acide sulfurique ou de l'oléum par contact, une des plus difficiles de toute l'Usine, fut son fief de prédilection. La combinaison chimique se faisant à une haute température, — cinq cents degrés —, et le « contact » une fois perdu étant fort laborieux à rétablir, il s'agissait de n'arrêter qu'en cas d'extrême nécessité, et donc de procéder avec une très grande célérité, et souvent dans des conditions très incommodes, aux réparations indispensables.

Or, on faisait là des écoles ; il y avait donc souvent de l'imprévu. « Combien de fois, nous disait son ancien contremaître, on allait chercher M. Bertrand la nuit pour des accrocs au contact. Il était là tout de suite. Gaiement il examinait l'affaire. Et puis, s'il fallait entrer dans la vapeur ou affronter des jets d'acide,

— et ça arrivait souvent —, comme les ouvriers hésitaient, c'est lui qui y allait le premier, et naturellement je l'accompagnais. Où ne l'aurait-on pas suivi, M. Bertrand ? »

Le résultat était que Paul rentrait chez lui les habits tout brûlés, mais avec la conscience d'avoir enlevé la position et conquis en même temps un peu plus le cœur de ses hommes.

Il semblait presque qu'il aimât les risques comme s'il en avait fallu pour lui faire retrouver pleinement son âme d'officier.

Un de ses amis, ingénieur dans les mines de la Sarre, avait failli être écrasé par la chute d'un tuyau de fer, qui avait troué son chapeau de cuir, et blessé assez sérieusement la tête. Paul répond par le récit d'un accident tout semblable, qui lui est arrivé presque en même temps, et y joint, — très simplement d'ailleurs, comme toujours —, sa petite philosophie du danger : (1)

« Merci beaucoup de ta dernière lettre et du récit que tu me donnes du terrible accident dont tu as été victime, mais aussi dont tu as été si providentiellement sauvé. J'unis mes actions de grâces aux tiennes pour remercier Dieu d'avoir transformé en blessure sans gravité une commotion qui aurait pu être mortelle.

« Dans le même temps, j'ai failli, moi aussi, recevoir une pièce de fonte pesant cent kilogs, dans des conditions analogues. Je faisais exécuter une modification à un appareil à acide sulfurique (contact SO^3 = oléum) ; et des ajusteurs travaillaient d'un côté à remplacer un coude en fonte, tandis que d'autres refaisaient des joints d'un autre côté. Je regardais ce travail. Le surveillant des ajusteurs me dit : « Monsieur

______

(1) La lettre de M. D. M. est du 1er octobre 1922. Celle de Paul Bertrand du 8.

Bertrand, ne restez pas là ». Je me déplace de quelques pas, me rendant compte que, tandis que je regardais d'un côté, j'avais au-dessus de moi, comme une épée de Damoclès, le coude en fonte. Deux minutes plus tard, la corde du palan qui maintenait la pièce dans l'atmosphère, casse soudain, et le coude s'écrase à mes pieds, démolissant une partie de l'échafaudage.

« Je te raconte ce fait à cause de la coïncidence de ses circonstances avec celles de ton accident... D'ailleurs je ne me suis vraiment rendu compte que plus tard du danger que j'avais couru.

« Et cela m'a rappelé les dangers de la guerre. C'est curieux comme, après avoir échappé à des dangers multiples, on s'émotionne moins d'en rencontrer à chaque pas. On les regarde presque avec dédain, comme si on était irrévocablement à l'abri de leur atteinte, et on est presque fier d'avoir été épargné, comme si on y avait quelque mérite personnel. Telle est du moins ma psychologie. Et pourtant qu'un seul instant l'attention de la Providence vous laisse à vos propres forces, alors on sent tout la vanité de cette confiance en soi ».

Ce dédain un peu stoïque, hérité de l'impassibilité dont il s'était fait un devoir sur les champs de bataille, il ne l'appliquait qu'à ses propres risques, nullement aux dangers des autres. Il était au contraire si soucieux de les leur éviter qu'un ouvrier, blessé un jour par accident dans un autre service que le sien, eut instinctivement cette réflexion à la bouche : « Ça ne serait pas arrivé, si M. Bertrand avait été là ! »

Tous ces traits et ces témoignages suffisent-ils à prouver que le problème de l'autorité industrielle avait été résolu par Paul Bertrand aussi bien que celui de l'autorité militaire, et en somme par les mêmes principes et les mêmes formules ?

Les citations qu'il a méritées sur les champs de bataille pourraient servir presque mot pour mot à caractériser son rôle et ses qualités d'ingénieur, y compris celles qui constatent son irrésistible ascendant.

Bertrand n'a jamais laissé dire devant lui, que dans le monde du travail, les chefs soient aujourd'hui dans l'impossibilité de faire du bien à leur personnel et de l'améliorer. Il a au contraire déploré que sous ce prétexte, un trop grand nombre se croient dispensés d'essayer.

Pour lui, les hommes ne sont pas sensiblement différents dans la paix et dans la guerre.

Mais la plupart ont changé de chefs, parce que beaucoup de chefs ont changé d'allure, et, retrouvant d'autres intérêts, se sont désintéressés d'eux. Alors l'ouvrier, ne trouvant plus sa place au cœur du chef, et ayant cependant besoin de s'attacher à quelqu'un, a suivi le premier venu qui lui a parlé son langage, et promis appui.

C'était le mercenaire, voire même le loup, déguisé en pasteur.

Et voilà pourquoi les vrais bergers ont maintenant du mal à se faire reconnaître, s'ils ne font pas beaucoup plus que le nécessaire en fait de vertus et de dévouement.

« Paul Bertrand, — ainsi s'exprimait un de ses amis, excellent chef lui-même dans un milieu difficile —, Paul Bertrand a compris ce que beaucoup ne comprennent pas, il a compris le cœur de l'ouvrier.

« Si chacun l'imitait, il n'y aurait plus de question sociale ».

CHAPITRE V

AU TRAVAIL APOSTOLIQUE

Les rêves d'apostolat. — Sa meilleure forme : le devoir d'état. — Camaraderie entre ingénieurs. — *L'Union Sociale d'Ingénieurs catholiques* (U.S.I.C.). — Sa raison d'être. — La Section du Nord et du Pas-de-Calais (Pâques 1922). — L'activité de Paul Bertrand. — L'orientation franchement sociale. — Les questions « brûlantes ». — Ce qu'on y pense des intérêts professionnels de l'ingénieur, — de la mentalité des ouvriers, — des œuvres sociales familiales, — des initiatives patronales, — des organisations ouvrières. — Fondation de sections nouvelles à Douai et à Valenciennes (février 1924), à Lens (8 mars 1925). — *Le Groupe Le Play.* — Laboratoire d'idées: l'unité catholique à retrouver sous la diversité des partis. — L'apprentissage de la parole. — Idées politiques. — Au *Cercle d'études* paroissial de Loos. — Mis largement à contribution. — Œuvres paroissiales. — Conférences au dehors.

Tenir dignement sa place dans la société, regarder en face tous ses devoirs sans baisser les yeux, mériter et obtenir la confiance absolue de ses chefs, l'affection universelle de ses subordonnés : ce n'est déjà ni si banal ni si aisé. Il y faut une telle conscience, un tel dévouement, que cela seul révèle la poursuite d'un but élevé, en vue duquel se disciplinent toutes les impulsions vitales.

Mais pour faire un apôtre, il faut autre chose.

Il faut savoir que le tout de l'homme, c'est Dieu, et vouloir procurer à ceux qui l'ignorent, ce Bien dont rien n'approche.

Et comme il n'y a pas d'apôtre sans une ardente conviction, — car un cœur d'homme ne se communique qu'en débordant —, il faut avoir accumulé soi-même de telles réserves spirituelles, qu'on puisse sans compter donner de son abondance.

Or Bertrand voulait être plus qu'un homme consciencieux, mieux qu'un homme de devoir.

Il avait promis d'être un apôtre.

Au cours de sa retraite de Clamart, en août 1919, il avait écrit cette grave réflexion :

« Qu'aurons-nous à présenter lorsque nous paraîtrons devant Dieu ? Nos passions ? notre orgueil ? la crainte du monde ? la peur de notre ombre ? »

Non, rien ne l'arrêterait désormais pour enrichir ses états de service envers Dieu. L'une de ses résolutions s'exprime ainsi : « Faire œuvre d'apostolat plus active, auprès de mes frères et auprès de mes camarades (conférences, messes spéciales, retraites). Ne laisser échapper aucune occasion ».

L'apostolat des lendemains de l'Ecole avait été, entre lui et ses amis, le thème de bien des conversations, où des méthodes s'élaboraient, où des projets prenaient corps. Après la dispersion, elles se prolongent par lettres, ce qui nous vaut de pouvoir les entendre encore.

En septembre 1920, deux camarades de Paul, âmes dignes de la sienne, se rejoignent quelques jours dans le Midi, pendant que lui-même s'installe dans le Nord. Ils prient ensemble en visitant les pèlerinages célèbres de la Provence. Et de là leur pensée s'envole vers l'absent, qui débute dans la grande industrie, comme ils ne vont pas tarder à le faire eux-mêmes sur d'autres coins du territoire. Et c'est de leurs rêves d'apôtres qu'il est question :

« Certain soir, après dîner, écrit à Paul Bertrand l'un des deux pèlerins, j'ai exposé à R... mes soucis au sujet de l'apostolat que je pourrais avoir à réaliser dans ma nouvelle vie. Après réflexion et causerie, il s'est arrêté à la ligne de conduite que tu as adoptée toi-même, et que tu m'as esquissée dans ta lettre : appliquer toutes ses forces à garder et à cultiver en nous la vie intérieure, source d'apostolat, à réaliser le plus parfaitement possible un devoir d'état qui ne nous est pas encore familier ; ne pas susciter encore des occasions d'apostolat, ne pas forcer les événements que nous envoie la Providence, mais aussi ne pas laisser perdre les occasions qui peuvent s'offrir à nous.

« J'ai été heureux de trouver en vous deux cette parfaite communauté de pensées. Je m'y range de tout cœur ».

Ce qui leur est commun et qu'ils veulent jalousement sauvegarder, c'est, en eux-mèmes, la source divine du dévouement, afin de ne pas donner seulement de l'action, même catholique, mais bien de l'apostolat.

« J'ai trouvé tout récemment dans la *Revue des Jeunes*, ajoute le même correspondant, un article qui cadre étonnamment avec nos vues. Il y est question de la jeune élite actuelle qui est impatiente d'agir dans tous les domaines où s'étend la souveraineté de Dieu, et qui cherche à descendre en elle-même, pour y trouver dans la méditation l'Auteur de toutes choses. « Elle est catholique, et donc ne veut pas restreindre sa religion à quelques formalités quotidiennes ou hebdomadaires, accomplies parfois d'un esprit distrait. Elle entend restituer au Christ toutes les heures que Dieu fait. Point de catholicité, en effet, s'il est des lieux, des actes, des pensées où le Christ soit introuvable. Mais la considération du dehors, et du Règne de Dieu à étendre par le monde, ne la détourne pas du dedans, et elle est d'autant plus spirituelle qu'elle est plus apostolique, afin que son zèle ne soit qu'un épanouissement de sa spiritualité ». N'est-ce pas là notre état d'esprit, du moins notre idéal ? Ces deux aspects, intérieur et extérieur, de notre activité sont bien ceux que nous voulons réaliser dans notre vie, nous aidant entre nous du surcroît de forces que nous donne l'union des âmes et des prières dans le Christ » (1).

Voilà donc de quoi s'entretenaient déjà les deux amis, quand jadis ils revenaient ensemble de la rue Saint-Honoré à la rue Lhomond en « causant de vie intérieure ». Voilà le plan que forment pour réussir dans le monde, ces jeunes gens de vingt-cinq ans, à l'heure où, libérés des longs assujettissements de la guerre et de l'Ecole, ils entament enfin leur carrière.

Et ce n'est pas un feu de paille. Rien ne ressemble moins aux formules toutes faites d'une piété de commande.

A travers toute la correspondance de Paul, et dans ses écrits intimes, affleure constamment ce double souci de ne pas laisser chômer l'apostolat, mais aussi de ne pas laisser s'attiédir le foyer intime qui le surnaturalise.

« Quel mal nous fait le respect humain ! griffonnet-il un jour au crayon sur un bout de papier. Le respect humain, fruit de ces théories soit disant libérales qui veulent laisser à chacun le soin de régler sa vie comme il l'entend, nous fait craindre de faire de l'apostolat. Nous devrions cependant nous rappeler le mot de saint Paul : *Vae mihi, si non evangelizavero !* » (2).

---

(1) Lettre de D. M. à Paul Bertrand, 6 sept. 1920.

(2) « Malheur à moi si je n'annonce pas l'Evangile ! » I Cor. IX. 16.

Il sait très bien d'ailleurs qu'il n'a pas la vocation de saint Paul et que sa prédication à lui doit prendre d'autres formes.

« Il est certain, écrit-il, qu'un apostolat direct et sans ménagements serait souvent maladroit et inefficace. Mais l'apostolat par l'exemple, toujours possible, est toujours fructueux. Nous ne devons pas oublier que les pires ennemis de la religion, c'est-à-dire ceux qui sont le plus néfastes à son développement et à son épanouissement, sont ceux qui, connus comme catholiques et même comme catholiques pratiquants, oublient de conformer leur conduite à leurs principes » (1).

D'où il suit, — et Paul Bertrand ne cessera pas d'insister sur cette règle de vie dont la pratique lui a donné tant d'autorité —, que le premier apostolat réside dans l'exercice chrétien de ses devoirs d'état :

« Quant aux devoirs d'état, écrit-il dans la même lettre, leur accomplissement est certainement une excellente occasion de montrer quels principes directeurs guident notre conduite. On retrouve ici le mot d'Ollé-Laprune : « On regardera comme une illusion dangereuse de rechercher des vertus plus hautes, et de négliger en attendant les devoirs d'état, humbles peut-être, mais essentiels. Être où Dieu veut, voilà le chemin de la vraie perfection ». Ces devoirs d'état se multiplient d'ailleurs et deviennent chaque jour plus importants : devoirs professionnels, familiaux, sociaux et même politiques ».

Et dix jours avant sa mort, le 21 juin 1925, il se montrait fidèle aux mêmes méthodes, mais aussi au même idéal, quand il écrivait dans un de ses derniers billets : « Pour contribuer à ramener à Dieu bien des égarés, il faut qu'en comparant nos actes et nos prin-

─────────

(1) Lettre à A. L., 18 août 1924.

cipes, on puisse voir qu'ils sont conformes les uns aux autres. Si nous arrivons, par notre exemple et notre action, à remettre dans la voie droite un seul de ceux qui s'en sont écartés, nous pouvons nous réjouir, puisque, comme il est dit dans l'Evangile de ce jour, il y aura plus de joie au ciel pour un pécheur qui fait pénitence que pour quatre-vingt dix-neuf justes qui n'ont pas besoin de pénitence » (1).

C'est donc dans les actes que voient les hommes, que doit être réalisée et manifestée la doctrine du Christ, telle qu'elle a été comprise et assimilée dans la prière solitaire. Et puisque c'est dans ses fonctions professionnelles, que l'ingénieur catholique est le plus en vue, et de la façon la plus durable, c'est là d'abord que s'exercera son apostolat.

En quoi consistera-t-il ? Tout simplement à y prendre au lieu de l'esprit de lucre, ou de l'esprit de domination, l'esprit de foi.

Paul Bertrand savait bien que la doctrine sociale de l'Evangile, ou — ce qui est la même chose —, de l'Eglise, n'est pas un vain mot. Il avait trouvé là cette lumière qui ne brille qu'aux regards loyaux et limpides ; il y avait reconnu des principes capables de remédier à tous les désordres. Or il ne voyait pas pourquoi tant de catholiques, connaissant ces principes, les avaient laissés tomber en oubli et en désuétude.

« Etudier la doctrine sociale catholique et la mettre en pratique dès que j'en aurai l'occasion ». C'est encore un des points du programme de vie, avec lequel il arrivait à Loos. Il ajoutait même pour être concret : « Assister si possible aux *Semaines Sociales* et tout au moins étudier dans les comptes rendus les questions qui y auront été traitées ».

Sur l'autorité particulièrement, — qui est de toutes

---

(1) Lettre à A. L., 21 juin 1925.

les questions sociales, la plus essentielle sans contredit, puisque la société ne tient que par elle —, il aimait à méditer les enseignements évangéliques, si nets et si décisifs et pourtant hélas ! si neufs encore après vingt siècles. Et nous avons vu comment il s'entendait à prouver par les faits que l'autorité était moins un privilège qu'une responsabilité, qu'elle n'est enviable qu'à ceux dont l'âme aspire à plus de dévouement et se sent capable de services plus signalés, et que, étant une délégation de Dieu, elle doit multiplier autour d'elle, comme c'est le propre de Dieu même, le progrès des âmes et la valeur des vies.

Il eût volontiers donné, lui qui aimait l'histoire, aux jeunes chefs de l'avenir, la consigne touchante que le sire de Joinville, partant avec ses vassaux pour la croisade, reçut du sire de Bourlémont :

« Prenez garde au revenir ; car nul chevalier, ni pauvre, ni riche, ne peut revenir qu'il ne soit honni, s'il laisse en la main des Sarrasins le menu peuple de Notre-Seigneur, en laquelle compagnie il est allé ».

Sur son « menu peuple », Bertrand a veillé vraiment au nom du Seigneur, avec toute sa clairvoyance et tout son cœur. Et nul d'entre eux ne peut dire après l'avoir connu, qu'un chef qui aime Dieu n'est pas meilleur qu'un autre.

*
* *

En vertu de son principe que l'apostolat ne crée pas les occasions, mais utilise celles que Dieu lui offre, Paul Bertrand devait naturellement exercer le sien à l'égard des camarades dont l'entourait l'Ecole, puis la profession.

Du zèle qu'il déploya à l'X, et plus tard envers les anciens X, tout a été dit dans un chapitre précédent. Il est intéressant d'ajouter ici que malgré le reproche fait parfois, à tort ou à raison, aux anciens polytechniciens de pratiquer trop volontiers le « splendide isolement », Paul fut indistinctement l'apôtre des ingénieurs, sans paraître jamais penser qu'il pût y avoir, entre Ecoles techniques, une hiérarchie, ou des préséances.

A l'Usine Kuhlmann, où peuvent mener toutes sortes de diplômes de Paris ou de province, nul n'aurait su dire, s'il n'avait été prévenu, que Bertrand sortait de la « grande Ecole ». Personne n'eut moins que lui cette sorte d'orgueil nobiliaire, qui règne dans certaines corporations intellectuelles. A défaut de zèle, son grand bon sens l'en eût préservé.

Et tous ceux à qui il arriva d'aller le trouver sur ses chantiers et au milieu de ses appareils, se souviennent que ses habits de travail n'étaient pas ceux d'un dilettante, ni d'un penseur.

« J'ai plusieurs fois été le voir à l'Usine, nous dit un de ses amis, il était toujours sale comme un peigne, couvert de chlore, d'acide sulfurique et de toutes les drogues qu'il avait à cuisiner. Car il mettait toujours la main à la pâte...

« Un jour, il rentre chez lui, au moment où sa femme était en pourparlers avec un agent d'assurances, en quête de clientèle. Il apparaît, revêtu de toute la chimie de sa matinée. L'assureur le contemple d'un regard indifférent. Lui ne bronche pas ; il sort, et peu après, toilette faite, reparaît en gentleman ;

« Quel est donc, Monsieur, l'objet de votre visite ? Je suis M. Paul Bertrand... Vous disiez donc... ? »

« Le visiteur, un peu interloqué d'abord de ces deux apparitions à la fois si semblables et si différentes, se remet, et propose son article. Bertrand s'excuse. L'autre hausse un peu le diapason. Inutile.

« Enfin, Monsieur, vous n'êtes donc pas partisan de l'épargne ?

— Pas sous cette forme, Monsieur !

« Ce fut dit avec le même flegme souriant et un peu

ironique, qui chez lui avait toujours raison de l'impatience. Et le visiteur abandonna la position (1). »

Ce grand travailleur, qui, tout en partageant les responsabilités de la direction, se plaisait à frôler l'ouvrier et ne craignait pas de lui ressembler, se sentait au milieu de ce monde du travail, si chaotique et si divisé, une vocation d'agent de liaison, presque de négociateur.

Et il lui semblait que cette vocation tenait à sa position même d'ingénieur.

Elle lui était donc commune avec toute une classe d'hommes, généralement actifs et intelligents, placés à tous les points stratégiques de la grande mêlée économique et sociale.

Dès lors une tâche magnifique s'offrait : grouper ceux de ces ingénieurs dont l'âme serait ouverte à une si haute conception de leur devoir, leur faire prendre conscience du rôle social auquel ils étaient si naturellement adaptés, les aider à y faire face, par une collaboration fraternelle d'idées et d'efforts.

Et puisque le catholicisme fournit à la fois de sûres directives, et d'incomparables stimulants, que ne pourrait pas, en vue de rétablir l'équilibre dans la société française de l'avenir, une légion d'ingénieurs catholiques, unis et organisés ?

Ce n'est d'ailleurs pas lui qui en avait la première idée.

Quand il allait rue Saint-Honoré avec ses camarades de l'X, il y voisinait avec une organisation plus vaste, dont il savait que les *Conférences « X »* étaient comme l'antichambre, et qui, débordant les cadres étroits d'Ecoles, faisait appel à des techniciens catholiques de toute provenance et de toute spécialité. C'était l'Union sociale d'ingénieurs catholiques, couramment

---

(1) Témoignage d'H. de W.

appelée dans notre rapide langue moderne : l'U. S. I. C.

A peine titularisé lui-même comme ingénieur, il s'y était incorporé. A peine incorporé, il en devint propagandiste.

Ce titre d'ingénieur catholique était pour lui très clair et très logique.

Il trouvait très raisonnable, voulant devenir meilleur chrétien, d'y entraîner son entourage, et voulant mieux faire sa tâche d'ingénieur, d'y réclamer l'aide de ses frères dans le Christ. Il n'avait aucun mal à se défendre des suggestions d'un libéralisme qui lui paraissait d'un autre âge, d'après lesquelles la religion n'aurait à s'occuper que des pratiques de piété, en se désintéressant de tous les autres agissements de l'homme. Que deviendraient en effet les vertus sociales de justice, et de charité, que deviendrait la droiture de conscience, si nécessaire à chaque instant de la vie, si l'autorité de Dieu ne dépassait pas les murs de l'église, et nous laissait partout ailleurs à la merci de nos caprices ou de nos intérêts ?

Paul Bertrand s'est quelquefois ému de voir chez des industriels catholiques cet étrange dédoublement. Et il y voyait un regrettable manque de foi.

« Ils vont à la messe, écrit-il dans une de ses lettres, ils ont quelquefois une religion, une piété profonde, mais entre leurs affaires, leurs entreprises d'une part, et d'autre part leur vie privée, leur conscience, il y a une barrière. D'un côté on est marchand, et comme tel on a le devoir de tondre les gens que l'on trouve sur son chemin, quels qu'ils soient. De l'autre on est catholique et homme d'œuvres et on laisse tomber dans les mains de la charité un peu de ce trop-perçu que l'on a gagné avec tant de mal, et dans des conditions dont on ne voit pas très bien l'injustice. J'exagère peut-être le tableau... Je voudrais seulement que ces braves gens, imbus de bonnes intentions, se rendent compte de tout le mal qu'ils font à la religion sans le savoir. Puissions-nous réagir contre cette tendance, qui n'est peut-être pas spéciale à une région. » (1)

C'est vers le temps où il écrivait cette lettre, et s'y plaignait en outre de voir certaines œuvres sociales, louables en elles-mêmes, perdre beaucoup de leur mérite et de leur efficacité à cause de leur but trop visiblement intéressé, c'est dans ces derniers mois de 1921, que Bertrand prenait à cœur de susciter dans le Nord une section de l'U. S. I. C.

L'auteur de ce livre se souvient des chaleureux plaidoyers qu'il eut alors la joie d'entendre, dans l'intimité de sa petite chambre, en faveur de cette organisation, qui lui était encore peu familière. Paul Bertrand et Henri de Winter, tous les deux si convaincus, et en même temps si fins d'esprit, donnaient à la cause qu'ils soutenaient des attraits irrésistibles.

Seule une difficulté matérielle se dressait terrible :

« Nous ne pouvons pas cependant, leur disais-je, tenir nos réunions dans la rue ! Or il n'y a plus de Foyer catholique à Lille depuis la guerre. Et comment en trouverons-nous un dans cette ville où les habitants sont si à l'étroit ? »

Cette objection même ne tint pas longtemps.

L'hiver ne s'était pas passé qu'une salle, providentiellement découverte et rapidement acquise, s'ouvrait à leurs belles ambitions.

Et le dimanche de la Passion, le 2 avril 1922, l'U. S. I. C. fondait à Lille une Section du Nord et du Pas-de-Calais.

Suivant l'exemple des grandes Ecoles parisiennes, c'est à la Table de Communion pascale que s'était donné le premier rendez-vous, ce qui inspirait à un témoin le commentaire suivant, paru dans un journal catholique de la région :

---

(1) Lettre à A. L., 4 novembre 1921.

« On a semé chez nous des foyers de science industrielle, comme Dieu sème les étoiles, pour reprendre un mot de Mgr Touchet, et « c'en est un éblouissement ». Les étoiles donnent toutes de la lumière, plus ou moins. De tous ces foyers de science, doit rayonner de la vie et de la vérité.

« Or le Christ est la vérité et la vie.

« Et voilà pourquoi de partout les intelligences d'aujourd'hui, plus réalistes et moins dilettantes que jadis, viennent les chercher près de lui. »

Il semblait opportun à l'auteur de cet article intitulé : « Ingénieurs catholiques » d'évoquer, « tous les espoirs que l'on fonde, pour restaurer la paix et l'ordre dans le monde du travail, sur leur influence, leur exemple et leur médiation.

« Les ingénieurs, disait-il, sont dirigeants, et comme tels, font non pas cause commune, mais tête commune avec la direction patronale. Ils sont salariés, et comme tels, ont, non pas griefs communs, mais intérêts communs avec le monde ouvrier.

« Officiers subalternes de l'industrie, ils sont très près de la troupe, qui les voit à l'effort et à la fatigue comme elle, parfois plus qu'elle. Organisateurs du travail, et contrôleurs du rendement, ils sont les conseillers naturels du pouvoir exécutif responsable qui a besoin de leurs expériences sociales comme de leur savoir technique.

« Quel rôle pacifiant peut donc avoir, dans le monde si troublé où il vit, l'ingénieur vraiment à la hauteur de ses devoirs !

« Il fera passer en haut la sympathie qu'il éprouve facilement dans son bon cœur de chef français, pour les ouvriers, ses compagnons de labeur. Il fera passer en bas l'estime d'une autorité que l'on verra en lui accessible, impeccablement juste, notoirement bienveillante et désintéressée.

« Les ingénieurs forment donc une classe distincte,

occupent dans la société, au milieu des conflits qui l'agitent, une position stratégique de premier ordre : une classe qui n'a aucune raison de s'opposer aux autres, et n'en sent nulle envie ; qui se recrute dans toutes, mais qu'unifie la commune estime du travail intellectuel et l'amour du travail tout court ; qui unit en elle le goût du progrès et de la recherche, propre à l'intellectuel, et l'esprit réaliste et positif du vrai praticien ; qui unit par elle les classes possédantes et les classes laborieuses, toujours en défiance faute de contact et de collaboration sympathique.

« Faire prendre à cette classe conscience de son rôle et de son avenir ; lui montrer qu'elle tend à représenter presque seule, dans l'anonymat croissant du capital, l'élément humain, et par conséquent cordial, de l'autorité ; lui en donner la joie et la fierté, et les rehausser encore par l'idéal chrétien qu'ils pourront, — puisque eux du moins, on les voit, — faire briller dans la nuit morale des âmes ouvrières, voilà le but qu'ont entrevu et que veulent atteindre ces hommes groupés aujourd'hui dans notre Montmartre lillois, et dont les réunions vont se poursuivre mensuellement » (1).

Le « Montmartre lillois », c'était la jolie chapelle absidale de l'église du Sacré-Cœur, où se célébra à la fois le Baptême et la Première Communion de ce nouveau-né dont on voulait faire sans tarder un solide chrétien : le groupe des ingénieurs catholiques du Nord.

Il y avait là des « X », des « Centraux », des « Mineurs », des « Gadz'arts », des « I. C. A. M. », des « I. D. N. », des « E. S. E. », des « E. H. E. I. », des

---

(1) Cette page écrite par l'aumônier de la section naissante, représente trop bien la pensée des fondateurs, et donc de Paul Bertrand, pour que nous ayons cru superflu de la citer.

« I. T. R. »..., (pour nous servir du vocabulaire abrégé, cher aux initiés) (1), accourus avec un empressement qui révélait l'opportunité de cet effort de rapprochement. Il y avait de grands industriels heureux de se rappeler leur titre d'ingénieur laborieusement acquis, et de modestes débutants, encore aux tout premiers échelons de leur carrière.

Mais quelle que fût la variété des titres et des positions, il n'y avait en réalité là qu'une sorte d'hommes. Une même ambition les animait tous, celle de se perfectionner dans leur très noble métier de dirigeants chrétiens.

Paul Bertrand jouissait du succès de ses efforts.

Avec un de ses amis, il s'offrit à servir la messe de l'aumônier-conseil, geste dont il demeura coutumier. Il s'en acquittait avec une piété virile et une attention respectueuse, où passait tout son esprit de foi.

Le 21 juin 1925, dix jours avant sa mort, il le faisait encore dans la chapelle de l'Université catholique.

Mais il donnait surtout l'exemple d'une inlassable activité de recruteur et d'organisateur. Ses lettres intimes en portent la trace.

A l'approche des Pâques de 1922, date de naissance de la section de Lille, il écrivait : « En fait d'apostolat, j'ai collaboré un peu à l'organisation de la section régionale de l'U. S. I. C. à Lille. Mais mes occupations sentimentales, (Paul Bertrand était alors fiancé), ont

------

(1) Mineurs : élèves et anciens élèves de l'Ecole des Mines de Paris. Gadz-arts : élèves et anciens élèves des Ecoles d'Arts et Métiers. I. C. A. M. : élèves et anciens élèves de l'Institut Catholique d'Arts et Métiers. I. D. N. : élèves et anciens élèves de l'Institut industriel du Nord. E. S. E. : élèves et anciens élèves de l'Ecole supérieure d'Electricité. E. H. E. I : élèves et anciens élèves de l'Ecole des Hautes Etudes Industrielles (Facultés catholiques de Lille). I. T. R. : élèves et anciens élèves de l'Institut technique Roubaisien.

un peu gêné mon action. De Winter a d'ailleurs remarquablement suppléé à mon inertie relative. Nous n'avons pas été pourtant les seuls catalyseurs, et beaucoup de bonnes volontés d'origines diverses se sont groupées pour former un comité d'initiative autour de notre aumônier. Plus de cinq cents convocations ont été envoyées pour une messe de communion des ingénieurs, qui doit avoir lieu le jour de la Passion, c'est-à-dire dimanche prochain. Le P. du Passage fera ensuite une conférence sur « l'U. S. I. C. et le rôle social de l'ingénieur. » De nombreux bulletins seront, pensons-nous, remplis par les présents, qui n'auraient pas encore adhéré. Nous croyons que cette création de section régionale répond à un réel besoin, et l'enthousiasme avec lequel les ingénieurs catholiques qui font connaissance avec l'U. S. I. C., demandent immédiatement à en faire partie, en est une preuve. » (1)

Une autre preuve de l'intérêt que les ingénieurs prenaient à leur groupe, c'est la facilité avec laquelle s'y trouvèrent, pour chaque réunion mensuelle, des conférenciers volontaires, et l'extraordinaire dose de travail que représentent, malgré le peu de loisirs que comporte une vie d'ingénieur, la plupart de leurs exposés.

Les secrétaires ne boudèrent pas non plus leur besogne.

Tous d'ailleurs avaient qui suivre, et ce ne fut pas un médiocre exemple pour eux, de voir M. Alfred Thiriez, industriel chargé de responsabilités, père d'une famille de onze enfants, et président ou membre actif de multiples comités ou associations, accepter de bonne grâce une présidence de plus, où il y avait moins d'honneur que de charges, diriger avec une aimable autorité toutes les réunions importantes, et apporter

---

(1) Lettre à D. M., 27 mars 1922.

lui-même plusieurs fois, notamment sur le chapitre du budget familial et du logement ouvrier, une documentation particulièrement compétente et de généreuses vues d'avenir.

Dans le petit gouvernement provisoire qui fut institué autour de ce très sympathique président, Paul avec le titre de vice-président, fit vraiment figure de premier ministre.

D'une assiduité irréprochable aux assemblées, et aux séances de comité, bien qu'habitant à quatre bons kilomètres du lieu de réunion, presque toujours le premier arrivé, il assumait volontiers sa grosse part de labeur et de responsabilité.

C'était toujours l'homme qui, d'expérience, avait ainsi caractérisé le premier devoir du bon chef: être là.

Et quand il était là, ni l'entrain ni la bonne humeur n'étaient absents. On travaillait ferme, avec méthode, avec précision, sans se priver pourtant du mot plaisant ou de la joyeuse taquinerie, qui chasse la monotonie et prévient toute lassitude. Avec lui, on eût travaillé indéfiniment, sans s'apercevoir de la fuite des heures. Il fallait mettre fin d'autorité aux réunions du Comité très-familières et très attachantes, sous peine de s'attarder, dans le calme de la nuit, au delà des limites raisonnables.

C'est là que s'élaborait et s'unifiait chez les dirigeants de la section lilloise, le véritable esprit de l'U. S. I. C., que Bertrand avait merveilleusement incarné (1).

____

(1) L'U. S. I. C. a été fondée en novembre 1892, au cours d'une « Retraite fermée » entre Centraux, par le R. P. Pupey-Girard, ancien Industriel. L'U. S. I. C. s'est appelée successivement « *Union d'Ingénieurs Catholiques* » ; « *L'Abeille* » ; et enfin l' « *Union Sociale d'Ingénieurs Catholiques* » du jour où cessant d'être exclusivement composée de Centraux, ses rangs se sont ouverts aux Ingénieurs

Les trois grands buts, religieux, social et professionnel, de ce beau groupement lui apparaissaient également essentiels. Et il veillait à ce qu'aucun des trois ne fût laissé dans l'ombre, ou ne souffrît de déformation.

Le titre légal de *Syndicat* que porte l'U. S. I. C., ne pouvait lui causer aucun malaise, à lui qui appelait de ses vœux, et était disposé à aider de son influence, la reconstruction de la cité du travail sur la base du droit naturel d'association. Et il s'efforçait, avec un tact exquis d'ailleurs, de dissiper les défiances que ce mot seul éveillait chez certains dirigeants, trop uniquement impressionnés par les abus et les dangers d'un syndicalisme politicien et révolutionnaire.

Là encore il trouvait moyen de se faire l'avocat des ouvriers, en montrant que ces erreurs ne leur sont guère imputables, mais sont presque toujours le crime d'intellectuels dévoyés, ou d'ambitieux sans conscience, auxquelles, faute de mieux, la masse s'abandonne pour son malheur.

Il voyait aussi dans ce titre l'avantage de ne pouvoir oublier que l'U. S. I. C. a été fondée certes pour « le soutien mutuel au point de vue chrétien », mais non moins directement, pour « établir des relations et des liens de confraternité entre ses membres en vue d'améliorer leur condition morale et matérielle ; poursuivre la réalisation de toutes réformes, législatives ou autres, et de toutes mesures économiques intéressant le progrès social ou la condition des ingénieurs », et enfin pour « étudier les questions relatives aux rapports entre le capital et le travail, et le concours à don-

---

d'autres Ecoles. L'U. S. I. C. comprend en 1927 plus de *cinq mille* ingénieurs et près de *mille* participants : Elèves-Ingénieurs et Membres d'honneur. L'organisation s'étend à 26 Sections régionales.

ner pour leur développement conforme à la doctrine sociale catholique. » (1)

Craindre les questions sociales, parce que brûlantes ; redouter les réformes chères à la classe ouvrière comme si elles étaient par définition entachées de socialisme, se défier de toute association professionnelle homogène, comme s'il ne pouvait s'y développer qu'un esprit d'égoïsme, c'était là aux yeux de Bertrand, une singulière exagération de la prudence. Ou plutôt tout cela lui paraissait être d'une souveraine imprudence, puisque c'était refuser de prendre la tête d'un mouvement, qui serait salutaire ou néfaste suivant la direction qui lui serait imprimée.

Il se fût volontiers inspiré de l'apostrophe qu'adressait un jour Foch, instructeur à l'Ecole de guerre, à l'un de ses élèves, rebuté par la difficulté de certain problème stratégique : « Ne me dites pas que le problème est difficile. S'il n'était pas difficile, ce ne serait pas un problème... Nous avons des cerveaux ; c'est pour les faire travailler. Sans cela à quoi servons-nous ? » (2)

Les cerveaux travaillèrent à l'U. S. I. C. du Nord, et sur des problèmes de belle envergure.

Après les premiers mois de mise en route, pendant lesquels on cherchait à la fois une demeure fixe, et une orientation nette, — période que Bertrand appelait « notre turbulente jeunesse », parce que « l'ordre et le lieu de nos réunions variaient chaque mois » —, la Section prit ses quartiers dans la grande salle, dite

---

(1) Extraits du Résumé officiel des Statuts de l'U. S. I. C.
(2) Cité dans PUAUX : *Le Maréchal Foch*, p. 110.

« de l'Orphéon », et s'établit délibérément au cœur des grands problèmes d'actualité sociale.

Qu'il soit intéressant d'entendre des camarades bien informés, disserter sur la distribution de l'énergie électrique dans l'industrie, ou nous exposer le nouveau régime légal des chemins de fer ; ou encore pronostiquer quel avenir aurait l'utilisation industrielle du charbon pulvérisé, — personne ne le mettait en doute. Il y eut même, dit le compte rendu annuel présenté par Bertrand à Pâques 1923, « des échanges de vues animés, avec examen des conséquences sociales des questions économiques étudiées. »

Mais, à mesure que l'on apprenait à se mieux connaître, on se découvrait un commun désir de sortir résolument de la sphère des intérêts, pour se fixer dans celle des devoirs, d'oublier un peu les questions d'ordre matériel, qui occupaient les six jours ouvrables, pour s'élever jusqu'aux idées morales et aux principes chrétiens qui doivent les illuminer.

Et un jour arriva où, en pleine séance, tandis que l'on préparait le programme des réunions suivantes, des voix s'élevèrent, pour réclamer qu'on abordât franchement les questions dites « brûlantes » : les grands problèmes sociaux de l'heure présente.

« Nous ne venons pas ici, dirent ces ingénieurs, pour parler de choses techniques. Nous ne parlons que de cela toute la semaine. Nous venons pour apprendre comment nous pourrons sauver du matérialisme et du socialisme tout ce peuple ouvrier dont nous portons en partie la responsabilité. »

Tous applaudirent à ce langage, Paul Bertrand plus que les autres.

Et fidèle à son habitude de passer le premier là où il y avait une voie à frayer, ou un risque à courir, il s'offrit à faire en octobre 1922, la première conférence de ce genre.

Parlant à des dirigeants dont il voulait éclairer et

stimuler le zèle, il choisit un sujet qui touchait directement à l'âme de l'ouvrier, et lui permettait d'en dégager les vraies qualités, trop souvent cachées sous des apparences contraires.

« Dimanche prochain, écrivait-il huit jours avant, a lieu la réunion de l'U. S. I. C. à Lille. Je me suis offert comme victime, et je dois faire une conférence sur « le rôle de l'ingénieur devant la crise de la conscience professionnelle ». Je crois que, bien que j'implore les lumières du Saint-Esprit, je devrai faire appel à l'indulgence du jury. » (1)

Le jury fut d'avis que l'indulgence était entièrement superflue, mais qu'au contraire de chaleureuses félicitations s'imposaient : la conférence fut donc envoyée à Paris pour être livrée à l'impression.

C'est ce qui nous a permis de l'analyser assez en détail dans le chapitre précédent.

Pour le coup, l'U. S. I. C. de Lille affirmait ses préférences : aux questions d'ordre technique, elle substituait résolument, dans ses plus chères préoccupations, les problèmes d'ordre moral et psychologique, qui non seulement y sont toujours plus ou moins mêlés, mais qui généralement les commandent et les conditionnent.

Et comme les âmes ne sont pas moins perfectibles que les matières ou les machines, ni moins fécondes en ressources, il n'était pas à craindre que l'on en eût de sitôt épuisé l'intérêt.

D'ailleurs quoi de plus passionnant, en un temps où les fluctuations économiques et intellectuelles prennent tous les caractères d'une violente tempête, de suivre non pas seulement le chaos grandiose des vagues, mais surtout les drames humains qui s'y déroulent, et de s'encourager entre chrétiens à leur porter secours ?

----

(1) Lettre à D. M., 8 octobre 1922.

La voie tracée par Paul Bertrand fut immédiatement suivie, et elle n'a pas cessé de l'être au moment où nous écrivons. Quel que fût le nom du conférencier, son travail représentait toujours un effort pour projeter sur la vie professionnelle quelque reflet de la pensée catholique, et l'en transfigurer.

Il serait intéressant, et très digne de la mémoire de Paul Bertrand, d'évoquer et de fixer le souvenir de ces assemblées, tout entières dominées par un même sentiment de zèle, devant lequel les préjugés de classe ou de parti s'effaçaient avec déférence, ou du moins reculaient aisément au second plan. Si de nombreux comptes rendus en demeurent enchâssés dans la belle collection d'études sociales que représente « l'Echo de l'U. S. I. C. », c'est en effet à l'activité inlassable de Bertrand que nous le devons, à partir du jour où il pouvait écrire, — 29 mars 1923 — :

« Par suite du départ d'Henri de Winter, j'ai hérité du secrétariat de l'U. S. I. C., pour la section du Nord et du Pas-de-Calais. »

C'était un héritage de charges, mais en même temps d'influence.

La pensée et l'action de l'U. S. I. C. du Nord allaient rayonner par lui, et se mettre entièrement à l'unisson de ses propres pensées, à la fois si pondérées et si généreuses.

C'est donc encore parler de lui que de résumer ici des travaux qu'on ne peut relire sans être frappé de tout ce qu'ils contiennent de substance et de valeur, de science et de sincérité.

*
* *

L'Union sociale d'ingénieurs catholiques est un Syndicat. Mais s'il n'y avait jamais eu que des syndicats semblables, le mot aurait eu un tout autre genre de fortune.

Sans doute les ingénieurs catholiques, professionnellement groupés, ont le droit de se préoccuper des intérêts de leur profession. Ils en ont même le devoir, au nom de l'entr'aide mutuelle que leur impose la charité chrétienne.

Et à ce devoir, ils ne cherchent nullement à se dérober.

Il sera donc question dans leurs entretiens des difficultés qu'ils ont coutume de rencontrer, principalement à leurs débuts dans la carrière industrielle. Et l'on a, chez eux, l'habitude du franc parler :

« Quand le jeune ingénieur, — ainsi s'exprime l'un de ceux qui se sont, autour de Bertrand, le plus dévoués à la Section du Nord —, quand le jeune ingénieur, encore tout auréolé de la conquête de son diplôme, quitte l'Ecole pour entrer dans l'industrie, il a tendance à s'imaginer qu'il a accompli la partie la plus pénible et la plus ardue de sa carrière, et son optimisme lui fait croire que la route s'ouvre largement à l'exercice de sa bonne volonté, de son ardeur et de son savoir. Les événements ne tarderont pas à lui apprendre que bonne volonté, ardeur et initiative auront à lutter contre la routine, l'esprit de caste et l'égoïsme de ceux qui, déjà arrivés, ne pensent qu'à exploiter à leur profit la situation acquise, quand ils n'essaient pas de barrer la route à ceux qui pourraient les égaler ou les dépasser.

« Quant à son bagage scientifique, le jeune ingénieur constatera vite qu'il ne constitue qu'un minimum de connaissances lui permettant de s'assimiler, avec plus ou moins de facilité, l'application des théories d'Ecole aux problèmes d'industrie, et que là tout est à apprendre. De nouveau il aura à étudier, — à « bûcher », pour parler l'argot d'étudiant —, et dans des circonstances toutes différentes de celles de l'Ecole, puisqu'il s'agira cette fois d'une lutte pour la vie. » (1).

Or il faut vaincre dans cette lutte. Il faut donc être forts. Pour cela, il faut être unis.

Rien jusqu'ici qui ne ressemble aux considérants de tout syndicalisme, ou plus simplement de toute association. Et d'ailleurs bien d'autres syndicats d'ingénieurs se sont élevés sur ces bases, jusqu'à devenir de très puissantes organisations.

Mais notre ingénieur catholique, qui connaît ces groupements, qui en fait même partie dans sa spécialité, n'a pas de peine à s'élever plus haut.

« Notre propre syndicat, l'U. S. I. C., ajoute-t-il, diffère de cette conception. Basé comme les autres sur l'exercice d'une profession commune, et réunissant des ingénieurs de toutes formations, il a l'énorme avantage de trouver dans la foi catholique et le souci de l'amélioration des conditions de vie du travailleur, un lien commun qui s'est révélé particulièrement vigoureux ».

Quant aux revendications dans lesquelles les autres syndicats voient le meilleur ciment de leur unité, l'ingénieur catholique les examine sans autre passion que celle de sauvegarder tous les droits, en facilitant tous les devoirs.

En présence de questions comme la fixation d'un minimum de salaire pour l'ingénieur débutant, comme la réglementation et la protection officielle du titre d'ingénieur, comme la reconnaissance du droit de l'ingénieur à faire en son propre nom breveter ses inventions, un examen attentif et consciencieux s'impose. Il est mené comme est mené dans un bureau d'études un projet technique, comme sont menées des recherches

____

(1) M. François G. W., 17 février 1924. *Echo de l'U. S. I. C.* 1924, p. 164 et suivantes.

historiques, ou des observations scientifiques par des spécialistes sans préjugés.

Et nous avons entendu plusieurs fois des hommes, habitués, — comme nous tous —, aux exagérations systématiques que dicte en ces matières l'esprit de classe ou de parti, exprimer en face d'une telle méthode, un étonnement qui touchait à l'admiration. Tant de franchise — disons même tant d'audace — pour aborder les problèmes, jointe à tant de sagesse pour les résoudre, leur paraissaient caractériser de façon vraiment originale, la sociologie de cette jeune Ecole.

Quelques exemples nous feront peut-être partager leur avis.

Parler de fixation d'un minimum de salaire, c'est un langage avec lequel il est facile de soulever les acclamations d'une masse laborieuse.

L'ingénieur catholique se défend mieux contre la séduction de l'avantage immédiat. Il maintient son droit à vivre de son travail, tout comme l'ouvrier, mais accepte volontiers de ne dépasser la rétribution de celui-ci, que par la valeur des services rendus et du talent constaté.

D'ailleurs « il lui faudra considérer son premier contact avec l'industrie comme une suite naturelle de l'Ecole, et par conséquent, négliger pour les premiers temps l'importance de la rémunération offerte et de la situation sociale occupée... L'ingénieur ne doit pas oublier qu'au début, il apprend surtout pour lui-même et rend peu de services à l'industriel qui l'emploie, en même temps qu'il s'assure une référence précieuse. Il ne devra pas craindre d'endosser le bourgeron ou le bleu du prolétaire et de vivre quelque temps la vie de l'ouvrier ; il acquerra ainsi, au point de vue pratique, et au point de vue social, une expérience qui lui permettra d'exercer plus tard, en meilleure connaissance du travail manuel exigé de l'ouvrier, ainsi que de sa mentalité et de ses besoins, une autorité respectée et ferme en même temps que juste et charitable » (1).

Quoi de plus tentant encore — et de plus légitime en apparence — que de rehausser le titre que l'on porte, en le faisant interdire par l'Etat à ceux qu'on n'estime pas aptes à lui faire honneur ? Mais l'ingénieur catholique ne tarde pas à remarquer qu'entre Ecoles officielles et Ecoles libres, l'Etat français d'aujourd'hui sera difficilement impartial, et. qu'il aura vite fait de réserver le titre. qu'on lui demande de réglementer, à ceux dont il aura lui-même estampillé le diplôme.

C'est d'ailleurs dans cet esprit qu'est formulée cette revendication dans les cahiers de certains syndicats de techniciens :

« On ne peut accorder une protection, officielle au titre délivré par une école qui n'est pas officielle, dont les conditions d'entrée, les programmes d'études, les examens, les conditions d'obtention du diplôme ne sont pas contrôlés par des officiels » (2).

Dès lors, le porte-parole de l'U. S. I. C., déclare « cette réglementation néfaste et contraire à l'esprit d'union qui est à la base de tout syndicat : elle aurait pour conséquence, si elle était votée, de semer la discorde parmi les ingénieurs et de dresser les Ecoles les

---

(1) *Id. Echo*, p. 216. « Paul Bertrand, qui aimait le pittoresque, ne manque pas de signaler dans un de ses procès-verbaux, cette originale comparaison jetée dans la discussion par M. H. : « de même qu'une machine, avant de commencer à travailler, doit d'abord tourner à blanc. de même les appointements de début d'un jeune ingénieur ne doivent pas être, dit-il, le paiement des services rendus. Mais, comparables à l'huile qu'on met abondamment dans la machine pour l'empêcher de gripper à la mise en route, ils doivent permettre au jeune ingénieur de mener une vie conforme à sa situation. »

(2) Syndicat des électriciens. Supplément au bulletin du 13 février 1921.

unes contre les autres... C'est la porte ouverte à tous les abus, une atteinte à la liberté de l'enseignement et un acheminement à la suppression pratique des Ecoles libres d'ingénieurs, au profit d'un nouveau monopole de l'Etat » (1).

Celui qui parle est pourtant muni lui-même d'un diplôme signé par le Ministre, car il sort de l'Ecole Supérieure d'Electricité de Paris. Mais il a pris, à l'U. S. I. C., l'habitude de s'inspirer dans ses jugements, d'autres critères que l'esprit de corps ou l'avantage particulier. Et, en présence d'un intérêt général certain, comme est celui du bon accord dans la profession, et d'un droit de primordiale importance, tel que la liberté d'enseignement, il sait déclarer inopportunes des revendications que plusieurs avaient estimées légitimes.

Nous avons cité, comme troisième exemple, la question de la propriété des inventions. Là encore, il serait facile de passionner le débat.

La loi française en cette matière, vieille de quatre-vingts ans, dénie à l'ingénieur travaillant pour le compte d'une société, le droit de prendre un brevet en son nom, pour une découverte relative à son emploi. Il en va autrement dans plusieurs grands pays comme les Etats-Unis ou la Grande-Bretagne.

Va-t-on foncer en rangs serrés sur cette législation rétrograde, si peu encourageante pour les jeunes talents ?

Rien de plus tentant ; mais aussi rien de plus partial.

L'ingénieur catholique mettra sans doute en garde ses jeunes camarades contre certaines stipulations des contrats qui leur seraient proposés, en vertu desquelles la propriété de toutes les inventions conçues ou réali-

----

(1) Conférence citée plus haut. *Echo*, 1924, p. 167.

sées par eux appartiendrait à la Société où ils entrent.

Mais il reconnaît volontiers que « si dans les conflits nombreux soulevés sur ce terrain, il y a très souvent des intérêts lésés, la victime peut être, suivant les termes du contrat ou en l'absence de toute convention, tantôt l'employeur, tantôt l'employé » (1).

En effet, il y a bien des cas où « la découverte de l'ingénieur est due surtout à la faculté de travailler sur des données pratiques mises à sa disposition par la société qui l'emploie, et qui affecte parfois pour ces études de larges crédits. Il semble donc qu'il y ait un juste milieu à conserver et qu'il faille protéger le travail de l'ingénieur en tenant compte de l'atmosphère propice créée autour de lui et des moyens mis à sa disposition. On pourrait, par exemple, réserver à la société un droit d'option sur les brevets pris par son ingénieur, ceux-ci étant toutefois pris au nom de l'inventeur.

« Il y a là une réforme évidente à effectuer pour laquelle les syndicats peuvent s'employer avec succès » (2).

Voilà donc comment l'U. S. I. C. comprend et dans quel esprit elle aborde la défense des intérêts professionnels de ses membres.

Paul Bertrand signale dans ses comptes-rendus « d'intéressants échanges de vues » (3) et des « discussions très animées » (4).

Il y prenait lui-même une part très active, intervenait avec autant de netteté que d'à-propos, et contribuait excellemment à leur donner ce « caractère de par-

---

(1) François B. 15 juin 1924. *Echo de l'U. S. I. C.* 1924, p. 343.
(2) François G. W, loc. cit. *Echo* 1924, p. 213.
(3) *Echo* 1924, p. 142.
(4) *Echo* 1923, p. 104.

faite courtoisie » qu'il se plaît à leur reconnaître, et dont il trouve la raison dans ce fait que « au-dessus des opinions particulières, chacun n'avait qu'un but : s'instruire et s'éclairer à la lumière des enseignements de la doctrine sociale catholique » (1).

Nul plus que lui d'ailleurs n'était convaincu de l'efficacité d'une telle méthode, de l'immense avantage d'un tel point de vue pour rapprocher les âmes, calmer les susceptibilités en éveil, et donc ôter aux controverses l'âpreté qui les rend si souvent inutiles ou irritantes.

Ces victoires de l'esprit catholique sur l'esprit de parti s'affirment d'ailleurs sur tous les terrains appelés brûlants, où l'U. S. I. C. de Lille transporte successivement ses très attachantes délibérations.

Esquissant un jour une comparaison entre la vie ouvrière d'avant-guerre, et celle de nos jours, d'après les très précieuses enquêtes de Jacques Valdour, un ingénieur des Mines, directeur d'une grosse usine des environs de Lille, constate diverses améliorations. « Les salaires sont meilleurs, la vie est plus large, l'ouvrier s'habille mieux. La tempérance est en très sensible progrès. La religion bénéficie d'une indifférence presque sympathique ».

Pourtant la lutte de classes n'a pas désarmé. « Si l'hostilité contre le patron est moins vive, en général, la méfiance à son égard est profondément ancrée dans l'esprit de l'ouvrier. »

Que va-t-on conclure ? Qu'il faut répondre à la défiance par la défiance, à l'aigreur par l'aigreur ? Non, ce ton là est inconnu ici.

« Pour nous, le point qui paraît essentiel à retenir est cette défiance de l'ouvrier vis-à-vis de son patron. Elle empoisonne leurs relations. Efforçons-nous de la

____

(1) *Ibid.*

dissiper en veillant à être toujours scrupuleusement justes à l'égard de nos ouvriers. »

Et l'on termine sur le souhait « que Jacques Valdour nous donne un jour prochain le portrait de notre ouvrier du Nord, dans son cadre familier ; il en éclairerait pour nous la figure et nous aiderait à le mieux comprendre, à le mieux aimer » (1).

Puisque l'ouvrier se livre peu, et qu'il importe tant cependant de le connaître, on étudiera ce qu'il fréquente et ce qu'il entend.

Aussi l'attention est-elle attirée sur l'organisation de la C. G. T., véritable entreprise de captation du monde ouvrier, et de confiscation des cerveaux populaires, s'arrogeant le droit de définir de nouveaux dogmes et d'imposer un nouveau *Credo*, tout en patronnant la libre-pensée et en rejetant comme tyrannique l'autorité spirituelle de l'Eglise.

Et c'est avec un bel effort de recherche et de réflexion que l'on traite « des théories socialistes et communistes d'aujourd'hui ».

Le conférencier qui expose et critique ces théories ne fait que suivre la logique des faits, quand il conclut, à l'encontre des affirmations marxistes, que « la classe ouvrière tire du capital son bien-être, et que la situation matérielle de l'ouvrier est de beaucoup la plus prospère dans les pays où le capital est le plus florissant et le plus actif, comme l'exemple des Etats-Unis le montre surabondamment ».

Il sait bien pourtant qu'il ne faut pas s'en remettre au libre jeu des égoïsmes pour obtenir ce résultat.

Le capital engagé dans la production doit, comme le travail, comme l'intelligence, servir — ou tout au moins respecter — le bien général, sous peine non seulement de se rendre coupable de lèse-humanité, mais

---

(1) Paul M., 21 octobre 1923. *Echo* 1923, p. 376.

aussi d'encourir pour lui-même les plus grands risques.

Ses détenteurs l'ont déjà compris dans une mesure qu'il ne faut ni exagérer ni déprécier. Et plusieurs de leurs initiatives sociales doivent être hautement déclarées heureuses et bienfaisantes.

Un matin de décembre, un ingénieur qui depuis bien des années dirige, en même temps qu'un grand établissement textile, une œuvre florissante de jardins ouvriers, vient révéler à ses collègues réunis les avantages matériels et moraux qu'apportent dans un ménage de travailleurs deux ou trois ares de bonne terre à cultiver.

Le bienfait va même plus loin, et, en donnant à cette institution tous les développements qu'elle comporte, causeries et conférences, visites des jardins et concours, organismes de coopération et de secours mutuels, elle devient « un moyen simple et pratique de réaliser en dehors de l'usine, des rapports fréquents entre patrons et ouvriers » (1).

Il parut cependant à plusieurs que, si idéale que fût cette entreprise, elle restait encore incomplète. Le jardin, c'est fort bien. Mais la maison n'est-elle pas de plus haute importance, soit pour l'embellissement, soit pour la moralisation de la vie ouvrière ?

Et ces deux questions ne peuvent-elles être traitées et résolues ensemble, au moins dans un certain nombre de cas, en faisant entrer simultanément dans les plans généreux d'amélioration sociale, et le coin de terre, et le foyer ?

C'est ce que pensèrent, et s'attachèrent à démontrer plusieurs ingénieurs de la Section lilloise de l'U. S. I. C.

En avril 23, la parole fut au président de la Section, et à l'un des membres du Comité, tous deux anciens de l'Ecole Centrale, et tous deux de la partie, celui-ci

____

(1) Julien L.., 17 décembre 1922. *Echo*, 1923, p. 158.

étant à la tête d'une entreprise de construction, et l'autre formant alors à l'intention des ouvriers de ses filatures un de ces plans généreux dont nous venons de parler : plan qui, à l'heure présente est devenu déjà une bienfaisante réalité, sous la forme d'une charmante cité-jardin, aménagée sous les ombrages d'un ancien parc.

A la veille de mettre lui-même la main à l'œuvre, l'industriel-ingénieur témoignait d'une connaissance précise des initiatives déjà tentées. Il savait mêler la critique à l'éloge, et maintenir, malgré les raisons d'économie auxquelles on est tenté parfois de trop sacrifier, toutes les exigences d'une habitation physiquement et moralement saine, qu'il s'agisse, comme il faut le souhaiter, de maisons séparées et pourvues de leur jardin, ou que l'on soit obligé, en ville. de distribuer un grand immeuble en appartements à bon marché.

Et il se complaisait à décrire ces « jolies cités qui rendent déjà au point de vue moral comme au point de vue social, les plus heureux résultats », tous d'ailleurs résumés en un seul : « Fixer l'ouvrier à son foyer en lui créant un intérieur agréable » (1).

Mais comme à des techniciens il faut des arguments techniques, à des réalisateurs une vue réelle des choses, cette matinée s'acheva au milieu des plans, des dessins, des maquettes, accumulés à cette même époque dans l'Exposition de l'habitation familiale, au Palais Rameau ; et d'autre part, l'un des auditeurs s'offrit à étudier pour le mois suivant ce grave problème du point de vue juridique et du point de vue financier.

Le jour venu, il nous détailla le mécanisme ingé-

----

(1) Alfred T. et Georges C., 15 avril 1923. *Echo*, 1923, p. 200-201.

nieux des lois régissant la matière, et en souligna le succès, dû sans doute à l'acuité de la crise du logement après la guerre, et peut-être à l'intérêt que trouvent les industriels à s'assurer une main-d'œuvre plus stable, mais aussi à l'heureuse collaboration, légalement sanctionnée, de l'Etat et des particuliers.

« Il nous faut rendre hommage ici, disait le conférencier, à l'initiative gouvernementale qui a permis, par un concours financier et des concessions très larges que lui seul pouvait accorder, la formation de sociétés viables. » (1)

L'initiative privée, ainsi stimulée, ne s'est pas fait attendre, et ses résultats représentent un effort vraiment considérable, provoqué par un petit nombre d'hommes, et tel qu'il s'en est rarement produit dans notre pays. » (2)

Et, reprenant dans sa conclusion une idée chère à Paul Bertrand, à savoir que les objectifs politiques ne doivent pas faire perdre de vue les progrès sociaux qui s'imposent, le conférencier terminait ses très encourageantes statistiques par ce passage de l'Encyclique *Rerum novarum* :

« Il importe que les lois favorisent l'esprit de propriété, le réveillent et le développent autant qu'il est possible dans les masses populaires. Que l'on stimule l'industrieuse activité du peuple par la perspective d'une participation à la propriété du sol, et l'on verra se combler peu à peu l'abîme qui sépare l'opulence de la misère, et s'opérer le rapprochement des deux classes. » (3)

---

(1) François G.-W., 10 mai 1923. *Echo*, 1923. p. 189.
Ibid., p. 198.
(3) *Echo*, 1923, p. 199. Cette question de la collaboration de l'Etat en matière sociale avait occupé pendant toute une réunion, celle du 18 mars 1923, l'attention des ingénieurs de L.-L. guidés ce jour-là par un éminent juriste, M. Mau-

Que d'autres améliorations sociales soient possibles
aux efforts, surtout coalisés, des dirigeants industriels,
qui en douterait, après avoir entendu, — ou parcouru
dans *L'Echo de l'U. S. I. C.* —, l'exposé admirable
des réalisations déjà existantes dans le Nord, tel qu'il
fut présenté à l'assemblée plénière d'octobre 1924 ?

Quelques mois avant, un sujet d'enquête avait été
proposé aux ingénieurs par le Comité de la Section de
Lille. Il s'énonçait ainsi : « Que pense-t-on autour de
vous de notre effort social? de l'effort social en général? Quelles en sont les réalisations actuelles dans notre
région, soit au point de vue du bien-être matériel ou
moral de l'ouvrier, soit au point de vue du rapprochement des classes ? »

Un beau travail de synthèse répondit à la question
posée.

On y voyait passer des noms et des chiffres, qui par
leur importance, accusaient un riche effort de bienfaisance de la part du patronat local.

---

rice Vanlaer. professeur à la Faculté Catholique de Droit.
Se situant à égale distance du libéralisme économique qui
voit dans l'intervention de l'Etat « un redoutable danger »,
et du socialisme d'Etat qui met tout entre ses mains, il sa-
lue les progrès considérables, et assez souvent bienfaisants,
accomplis au cours du XIXe siècle par la législation ouvrière, depuis la loi de 1841, interdisant l'accès de l'Usine
aux enfants de moins de huit ans. jusqu'à la loi de huit
heures, « dont on peut certainement discuter l'opportunité
et les modalités, mais dont le principe n'est plus guère
contesté à l'heure actuelle ». (*Echo*, 1923, p. 149). En spé-
cialiste averti autant que sage, il montre la limite de l'intervention utile, soit en matière d'accidents du travail,
ou de minimum de salaires, soit au point de vue de la prévoyance sociale, ou de l'accession à la propriété. « L'Etat,
conclut-il, doit faire le moins possible par lui-même. Il
doit surtout aider à faire, utiliser les concours, les favoriser, les encourager, et surtout ne pas les repousser ».
(*Ibid.* p. 150).

Les allocations familiales, complétant le salaire des ouvriers pères de famille, sans cependant désavantager devant la concurrence les entreprises où ils seraient plus nombreux, — grâce à l'ingénieux et si simple procédé des caisses de compensation —, y obtenaient le rang d'honneur qui leur convient : n'est-ce pas en effet l'une des plus heureuses inspirations de ces dernières années ?

Inspiration féconde d'ailleurs, car ces caisses deviennent vite, là où elles ont autour d'elles des esprits inventifs et des volontés actives, le nerf de mainte institution secourable aux familles laborieuses. De ces nouveaux bureaux de bienfaisance, où ne sévit aucun fonctionnarisme, partent vers les foyers tristes ou désorganisés, outre l'aide pécuniaire, des conseils, des lectures, des visites, de la sympathie, de la charité. C'est encore un début, car la plupart de ces caisses ne remontent pas au delà de 1913, mais il fonde de beaux espoirs.

La prévoyance des maladies, de la maternité, ou de la vieillesse, et les diverses institutions dans lesquelles elle a pris forme, sont également citées à l'ordre du jour, ainsi que les écoles ménagères, dont l'extension serait si désirable pour le bien-être des foyers.

Tout cela y compris les jardins et les habitations saines, suit un plan méthodique de relèvement des conditions de vie pour la masse ouvrière, et le porte-parole de l'U. S. I. C. le constate avec joie.

Mais sa pensée y cherche surtout des efforts d'assainissement moral et de pacification sociale, et là les énumérations ne suffisent pas, les chiffres n'ont plus d'éloquence.

Il constate bien que « la plupart des institutions ou initiatives tendant au bien-être matériel de l'ouvrier ont une heureuse répercussion sur son bien-être moral en lui donnant plus de sécurité, un foyer auquel il s'attache, et ce minimum de confortable, au-dessous duquel la vertu élit rarement domicile, suivant le mot d'un économiste. » (1)

Il remarque aussi que l'éducation, non seulement professionnelle, mais religieuse, sociale et civique des ouvriers, a hanté l'esprit soucieux de plus d'un industriel chrétien. Mais il doit reconnaître qu'il y a de ce côté quelque chose de décevant.

« A côté des mines, poursuit le même enquêteur, qui assurent dans leurs écoles l'enseignement religieux et soutiennent les patronages et cercles d'études, les industriels de Lille ont fait beaucoup pour amener leur personnel à pratiquer et à éclairer leur foi.

« Mais il faut avouer que cette action est bien souvent inefficace, et parfois risque d'être mal comprise, du fait de la situation même du patron. La pratique « de commande », l'hypocrisie, ou par réaction l'anticléricalisme, risquent de se développer. Il semble prudent, avec la mentalité actuelle, d'éviter toute ingérence directe, et de se contenter de donner l'exemple, tout en aidant efficacement les œuvres qui se consacrent à l'éducation religieuse. »

Ici encore ne croit-on pas entendre un écho de la pensée de Paul Bertrand ? « Il est certain qu'un apostolat direct et sans ménagements serait souvent maladroit et inefficace. Mais l'apostolat par l'exemple toujours possible, est toujours fructueux. » C'est lui qui écrivait ces lignes dans une lettre intime après quatre ans d'expérience industrielle et deux mois seulement avant la conférence dont nous parlons (2).

C'est encore lui qu'on croit entendre, lorsque le très impartial rapporteur aborde, avec un vif intérêt, la question de l'éducation sociale et civique des ouvriers. L'un et l'autre sont d'accord sur la nécessité de

---

(1) Paul M., 19 octobre 1924. *Echo*, 1924, p. 424.
(2) Lettre citée plus haut, à A. L., 18 août 1924.

leur donner de la vie professionnelle, des rapports sociaux et des devoirs du citoyen, une autre conception que celle des deux C. G. T., mais aussi sur la grande difficulté « d'entreprendre cette tâche avec le doigté qu'elle réclame », tant à cause de « l'apathie naturelle de la masse, pour l'étude même des questions qui l'intéressent directement », que par le fait de « sa méfiance généralement extrême vis-à-vis du patron sur ce terrain ».

On ne peut cependant éluder la question, ni prendre son parti, — encore moins se féliciter —, de « l'ignorance de l'ouvrier en matière sociale ».

En effet « l'importance numérique de l'effectif ouvrier, comme la dignité du travailleur, demandent qu'il connaisse son rôle, ses droits et ses devoirs. Qui les lui enseignera ! qui lui en montrera la grandeur? » Si personne ne le fait, cette abstention doit être considérée comme « une énorme lacune ».

Or, disions-nous, « le patron ne peut que rester discrètement dans la coulisse, s'il ne veut compromettre son action et son autorité ». A qui donc avoir recours ? « Nous pensons que cette éducation sociale de l'ouvrier ne peut être faite que par ses pairs, aidés, bien entendu, des compétences nécessaires fournies par les différents milieux. »

Est-ce donner raison à ceux qui dénient aux dirigeants industriels d'aujourd'hui toute possibilité d'influence morale et sociale sur le monde du travail ? Et faut-il admettre la faillite de l'action patronale, et même de toute tentative de rapprochement des classes ? Aucun de ceux qui apportèrent à l'U. S. I. C. leur collaboration fidèle et le témoignage d'une expérience parfois considérable, ne signerait une pareille abdication.

Et si même on reconnaît, avec notre rapporteur, que trop souvent ces œuvres sociales, stimulées d'ailleurs par un intérêt bien compris, « sont restées patronales, créées, organisées, dirigées par le patron, en dehors de toute participation ouvrière », et par conséquent trop promptes à éveiller des méfiances chez leurs bénéficiaires eux-mêmes, on est amené cependant à conclure comme lui, que d'une part « les résultats n'en sont pas pour cela forcément défectueux », et d'autre part que « celui qui, dans ses réalisations sociales, sait mettre un peu de soi et ne se contente pas de « financer », celui qui travaille discrètement, sans chercher à se tailler un succès personnel ou à se faire une réclame, celui-là finira par inspirer confiance, et son œuvre sera féconde ». C'est dire que celui qui veut faire du bien devra d'abord « se pénétrer de l'abnégation évangélique, s'en remettant à la Providence de faire fructifier ses efforts, et acceptant, s'il plaît à Dieu, de ne point récolter, sur cette terre, ce qu'il aura semé pour Lui » (1).

Cette conférence appelait deux compléments concrets, deux exemples. Ils ne nous manquèrent pas.

Pour former, ou réformer la mentalité ouvrière en matière sociale et politique, avait dit le rapporteur, « nous ne voyons que des organismes ouvriers, aidés de compétences extérieures (juristes, conférenciers) qui aient chance de faire œuvre efficace » (2).

La conversation devait donc un jour s'engager sur l'organisation professionnelle ouvrière. non plus telle que l'ont entreprise les démolisseurs de la société, mais telle que l'envisagent et tâchent de la faire vivre

---

(1) *Echo*, 1924. p. 425-428. Ce travail que nous venons d'analyser eut non seulement les honneurs d'une insertion in-extenso, mais fut accompagné d'une note spécialement élogieuse de la Direction : « Cette très intéressante enquête, dans laquelle un si grand nombre d'œuvres sociales sont passées en revue. mérite de retenir tout spécialement l'attention de nos camarades des sections régionales. »

(2) *Ibid.*, p. 426.

les reconstructeurs d'un monde chrétiennement pacifié.

Il y eut en effet une matinée de dimanche consacrée à l'étude de la C. F. T. C. (ou Confédération française des travailleurs chrétiens). Car c'est bien là la formule d'aujourd'hui.

D'autres systèmes avaient été essayés jadis, dans lesquels le problème du rapprochement des classes devait être résolu par la juxtaposition des éléments patronaux et ouvriers — presque leur fusion — dans le même syndicat.

« Je n'ai pas eu l'occasion, disait l'enquêteur déjà plusieurs fois cité, d'étudier les syndicats mixtes qui existaient avant-guerre et dont la disparition a laissé, chez les patrons catholiques de Roubaix-Tourcoing, de profonds regrets. Mais je crois sincèrement qu'ils ne seraient actuellement plus viables, ou du moins ne prêcheraient que quelques convertis, sans influence sur leurs camarades (1) ».

Le problème n'en est pas moins toujours celui du rapprochement des classes, et si l'on s'organise séparément, ce ne doit être que pour avoir plus de chances de se rapprocher, et donc avec l'intention d'y tendre. Se l'est-on toujours rappelé de part et d'autre ? Le ton des dialogues qui s'échangent parfois par-dessus la barricade, — puisque barricade il y a —, autorise à poser la question.

«Les syndicats libres de la C. F. T. C. — ainsi parle-t-on à l'U. S. I. C. —, ont repris la tâche ardue et délicate de résoudre le problème. Mais leur rôle est rendu plus délicat encore par les interventions auxquelles ils se trouvent amenés sur le terrain professionnel. Un sens trop jaloux peut-être de l'autorité chez les patrons, une critique un peu acerbe et parfois inopportune de

---

(1) *Echo*, 1924, p. 425.

la part des syndicats, a produit en certains lieux un état de tension éminemment fâcheux. Les ouvriers se plaignent que les patrons résolvent en-dehors d'eux toutes les questions professionnelles et sociales auxquelles ils s'intéressent ; ils trouvent également dur de voir leurs revendications modérées mises sur le même pied, trop souvent, que les prétentions démagogiques des syndicats révolutionnaires...

« Sur ce terrain difficile, les faux pas sont excusables, et seuls en sont exempts ceux qui ne tentent rien. Un véritable esprit chrétien est nécessaire de part et d'autre pour éviter les heurts et s'acheminer vers une collaboration délicate, mais combien désirable. » (1).

C'est toujours avec des sentiments fraternels que l'on parle à l'U. S. I. C., des groupements d'ouvriers chrétiens, même quand on n'approuve pas absolument tous leurs gestes et le ton de toutes leurs paroles. On se garde d'épier chez eux une formule osée, ou un mouvement de mauvaise humeur, pour les dénoncer avec aigreur. On couvre les fautes de leur classe, en se souvenant des torts de la sienne, car l'histoire de la paille et de la poutre ne peut être oubliée par des chrétiens. Et, comme faisait toujours Paul Bertrand dans ses conférences, après avoir constaté le mal, — ici les dissonances —, on conclut, non pas : « Il n'y a pas moyen de s'entendre avec eux », mais bien : « Comment faire pour nous mettre à l'unisson ? »

Et l'on commence par dissiper, par la loyauté de la discussion, les nuées de malentendus, si vite accumulées entre gens qui s'observent de loin.

Le conférencier de l'U. S. I. C. se souvient de la bienveillance témoignée plusieurs fois par le Souverain Pontife à nos syndicats chrétiens de France. Il

____

(1) *Echo.*, 1924, p. 426.

cite volontiers ce passage d'une lettre du Cardinal Gasparri à M. Zirnheld, président de la C. F. T. C. :

« C'est avec le plus vif plaisir que le Saint-Père a appris le progrès de ce groupement qui tâche d'obtenir l'amélioration des classes ouvrières par la mise en pratique des principes de l'Evangile, tels que l'Eglise les a toujours appliqués à la solution des questions sociales, notamment dans l'immortelle Encyclique *Rerum novarum* du grand Pontife Léon XIII » (1).

Il expose nettement les buts de cette action syndicale, que plusieurs trouveraient facilement trop remuante, qu'on a même parfois appelée brouillonne. Et il ne dissimule pas qu'elle est d'abord « organisatrice » et « éducatrice », mais aussi « revendicatrice », non pas au gré des caprices ou des appétits, mais en vue de permettre à l'ouvrier l'accomplissement de ses devoirs.

Leur formule de revendications est celle-ci : « Nous soutenons que nous avons, en tant que travailleurs, un devoir d'état à remplir et nous entendons le remplir en toute conscience. Mais ce devoir nous crée un droit que nous entendons défendre par tous les moyens légitimes (2). »

Quel socialiste a jamais parlé, ou parlera jamais de la sorte ?

Qu'il en résulte une disposition à entrer parfois en discussion avec les dirigeants industriels sur certaines conditions de travail, il n'y a pas à s'en étonner, encore moins à s'en scandaliser. L'ouvrier n'est-il pas en

------

(1) Lettre écrite au début de 1923, en réponse à une adresse du Comité fédéral, qui exposait au Souverain Pontife la situation de la C. F. T. C. Depuis lors, les témoignages de la bienveillance pontificale n'ont pas cessé : en mai 1925, période où les syndicats chrétiens étaient très critiqués dans certains milieux catholiques, M. Zirnheld fut fait chevalier de Saint-Grégoire-le-Grand.

(2) *Echo*, 1923, p. 295.

somme propriétaire de sa force de travail, au même titre que le patron l'est de ses connaissances techniques et de son capital, et ne peut-il pas, comme un simple commerçant, veiller à ne pas laisser déprécier ce qui est bien plus que sa marchandise ?

Et si le terrain est glissant, si l'ambiance socialiste risque parfois d'être contagieuse, n'est-ce pas une raison de plus pour témoigner, aux efforts loyaux des meneurs catholiques, une sympathie qui contrebalancera l'attirance de la mentalité révolutionnaire, et qui seule permettra, à l'occasion, de faire agréer un conseil amical ?

C'est bien ainsi que conclut l'ingénieur de l'U. S. I. C., au terme de son exposé : « Voilà, messieurs, ce qu'est la C. F. T. C. Il me semble, malgré certaines idées que d'aucuns peuvent ne pas partager, qu'appuyés sur les hautes approbations qu'ils ont reçues, nous pouvons faire confiance aux dirigeants de cette grande organisation et même à l'occasion faciliter leur tâche (1) ».

Et bientôt l'U. S. I. C. régionale tout entière allait lui donner officiellement raison en votant et en publiant une profession de foi, où elle disait :

« L'U. S. I. C. est animée non seulement de sentiments justes et bienveillants, mais cordiaux et dévoués, à l'égard de la classe ouvrière.

« Elle est favorable *a priori* à tout ce qui peut améliorer sa situation matérielle, sans nuire à l'intérêt chrétiennement compris du pays et de la profession. Elle a surtout en vue de réveiller et de promouvoir chez elle l'esprit de famille, le goût de l'épargne, le respect de la loi morale et de la dignité humaine.

« Enfin elle est particulièrement désireuse de favoriser tout ce qui peut ramener l'estime et la sympathie

---

(1) Marcel G., 17 juin 1923. *Echo*, 1923, p. 293-296.

des masses populaires vers l'Eglise de Jésus-Christ, hors de laquelle l'expérience démontre qu'il n'y a pas plus de salut pour les sociétés que pour les individus.

« Toute son amitié est donc assurée d'avance aux organisations professionnelles chrétiennes, soit de patrons, soit d'ouvriers, et aux œuvres catholiques d'éducation populaire, et elle souhaite vivement de pouvoir la leur témoigner par de réels services » (1).

Les ingénieurs catholiques avaient d'ailleurs, en affirmant ces principes, la joie de se trouver en complet accord d'idées avec les Patrons chrétiens du Nord, dont l'Association a inséré dans ses statuts cette très explicite et très belle déclaration :

« L'Association sait le droit qu'a l'ouvrier de discuter lui-même ses intérêts professionnels, et l'avantage que le syndicat chrétien lui offre à cet égard. D'autre part, elle est persuadée de ce que la force ouvrière, coalisée pour la justice et pour le bien, peut opposer de résistance efficace aux envahissements du socialisme.

« Elle est donc prête, comme l'Eglise l'y sollicite, à collaborer avec les syndicats chrétiens ouvriers en vue de poursuivre le règne du droit dans la justice, et le rétablissement de la paix dans la charité, aussi bien que d'assurer contre le socialisme l'organisation chrétienne du travail » (2).

Il semble donc, à lire ces documents, que l'harmonie soit près de régner dans le monde du travail, ressaisi en haut et en bas par l'idéal chrétien de conquête pacifique et de généreuse émulation.

----

(1) Déclaration lue et votée dans l'assemblée générale des Sections du Nord et du Pas-de-Calais à Lille, le 18 octobre 1925.

(2) *Conférences d'études sociales*, n° de décembre 1923.

Hélas, les idées n'agissent pas par leur seule logique abstraite. Elles ont besoin de véhicules humains, infatigables comme elles, et par surcroît dignes d'elles.

En face des efforts des ouvriers chrétiens, qui ne peuvent suffire, quels patrons faut-il donc et quelle méthode d'action patronale, pour qu'il en sorte d'heureux et importants résultats ?

La réponse est donnée par un exemple, celui de Léon Harmel.

C'est l'exemple d'un initiateur et d'un précurseur. Il est donc tout naturel qu'il ait été incompris de beaucoup. Mais il n'en obtient que plus facilement l'actualité posthume qu'il mérite.

Les préoccupations maîtresses dont l'U. S. I. C. se fait aujourd'hui l'interprète, sont déjà les siennes plus de vingt ans avant l'Encyclique *Rerum novarum*.

Il ne se résigne pas, parce que sa responsabilité patronale, — c'est-à-dire paternelle —, y est engagée, à voir ses « patronnés », ses enfants, les ouvriers, devenir universellement la proie du socialisme, qui les attire pour les dévorer.

Son biographe (1) nous le montre alors hésitant entre deux systèmes d'éducation, car c'est bien d'éducation qu'il s'agit pour lui :

« Deux méthodes s'offraient au « bon Père ».

« L'une, n'acceptant qu'à regret le fait de l'émancipation ouvrière, si même elle ne refusait pas absolument de l'accepter, voulait travailler au bien du peuple comme par le dehors, sans son aide, par des œuvres où il n'aurait qu'à recevoir passivement. Grâce au dévouement des classes que l'on appelait dirigeantes, elle prétendait aller ainsi « à la conquête du peuple ».

------

(1) Le R. P. Guitton, de « l'Action populaire », dans la réunion du 29 mars 1925, à la suite des Pâques des ingénieurs de Lille.

« L'autre méthode, s'inclinant résolument devant le fait démocratique, ambitionnait de ne pas abandonner aux seuls socialistes la tâche délicate, mais nécessaire, de contribuer, dans la mesure légitime, au mouvement d'émancipation ouvrière.

« Elle voulait, en suscitant des initiatives proportionnées aux capacités de chacun et en multipliant les occasions d'assumer des responsabilités, aider une élite populaire à s'élever, c'est-à-dire à monter moralement et religieusement pour aller ensuite porter ses convictions à ses frères de travail.

« Léon Harmel, comme tout le monde, avait commencé par la première méthode ; mais après avoir, — surtout à partir de 1870 —, constaté son peu d'efficacité, il n'eut aucune peine à évoluer vers la seconde et à s'y fixer » (1).

Ce n'est nullement le geste d'un homme désabusé qui, voyant la stérilité de ses efforts, renonce à les continuer en se disant : « Puisqu'ils ne veulent rien recevoir de moi, tant pis pour eux! qu'ils se débrouillent! »

C'est au contraire le changement de front, à la fois prudent et audacieux, de l'homme d'action qui, loin de s'obstiner dans une voie sans issue, sait à temps sacrifier son amour-propre au but qu'il doit et veut atteindre.

Dans la seconde méthode, celle qui fait appel à l'initiative ouvrière, le patron n'abdique ni son influence, ni son autorité. Il s'impose au contraire de nouveaux devoirs, plus malaisés, mais aussi, — et le mot avait toute sa force pour Léon Harmel, — plus apostoliques, puisqu'il s'agit moins de faire agir, que de faire vouloir.

« Le patron chrétien, écrit-il lui-même, se souviendra qu'il est père de famille, et qu'à ce titre il ne doit

____

(1) *Echo*, 1925, p. 203-204.

jamais aliéner sa bienfaisante influence. Il doit être la tête de toutes les œuvres de l'usine, et, en laissant tous les détails à ses auxiliaires, il ne doit jamais se désintéresser de la direction générale (1).

« Rigoureusement parlant, le patron ne peut pas se décharger de sa responsabilité (2) ».

Il est assez humble pourtant pour reconnaître que d'autres peuvent réussir, là où lui-même échouerait, et pour le souhaiter de toute son âme de véritable éducateur. L'émancipation qu'il poursuit, ce n'est pas celle de l'envie et de la révolte, mais au contraire celle du sentiment personnel de la responsabilité et du devoir. Et il l'obtient, parce qu'il ne la croit possible qu'au terme d'un long et patient apprentissage, dont il assume les lourdes obligations.

« Il a semblé à plusieurs industriels, déclare-t-il, que nous amoindrissions l'autorité patronale en faisant de nos ouvriers de véritables coopérateurs, en favorisant leur initiative et en suscitant leur responsabilité. C'est le contraire qui est arrivé. Plus nous avons donné de participation à notre autorité, plus ils nous ont rendu de confiance et de dévouement... Ce système a affirmé la hiérarchie par le respect de la justice et la pratique de la solidarité ».

Sa devise : « Le bien de l'ouvrier par l'ouvrier, et avec lui, jamais sans lui, à plus forte raison, jamais malgré lui » ne doit pas donner l'illusion que le patron n'est plus rien dans sa propre entreprise. Car c'est aux patrons que cette devise s'adresse, et c'est d'eux d'abord qu'il en attend la réalisation.

« Ceux qui l'ont approché, disait notre conféren-

---

(1) Communication faite au Congrès de l'Union des Œuvres, à Nantes, en 1873. Cité dans *Echo*, 1925, p. 204.

(2) Extrait du Catéchisme du patron (1886). Cité dans *Echo*, 1925, p. 208.

cier, savent bien qu'en fait d'autorité, il n'avait nulle envie d'en perdre une parcelle. Mais il n'entendait pas l'autorité à la manière d'un adjudant de quartier, et il estimait qu'il y a plus d'autorité à savoir se faire obéir volontiers qu'à s'imposer par une crainte servile » (1).

Il a d'ailleurs réussi, moins par le mécanisme des institutions qu'il a créées, que par l'âme dont il a su les vivifier. C'est ce qu'exprimait ainsi un bon juge en la matière, M. Auguste Isaac, ancien ministre du Commerce :

« A ma connaissance, les meilleurs Conseils d'usine, ont été ceux qui s'inspiraient de sentiments élevés, dans des établissements dont le chef avait lui-même donné tous les exemples d'une vie patriarcale et désintéressée, comme M. Harmel au Val-des-Bois, et où il avait, par de longs efforts, fait régner autour de lui un esprit de haute vertu, fortifié par la communauté des convictions religieuses.

« Mais dans des milieux différents, les choses ne se sont pas aussi bien passées » (2).

Or qui donc avait constitué ce milieu spécial — faut-il dire ce milieu unique ? — si favorable à la collaboration confiante des classes, sinon un chef qui avait cherché son inspiration et son modèle plus haut que la terre ?

Il en rendait lui-même publiquement témoignage, chaque fois que c'était utile, c'est-à-dire, en somme chaque fois qu'on lui demandait son secret.

« Plusieurs fois, on lui objecta :

« Savez-vous ce que vous faites en organisant ainsi la classe ouvrière ? vous l'organisez contre vous ».

---

(1) *Echo*, 1925. p. 210.

(2) M. Isaac, à la réunion annuelle de la *Réforme sociale*, en 1921. Cité dans *Echo*, 1925, p. 210.

A quoi le bon Père, sans s'émouvoir, répliquait aussitôt :

« Ils s'organiseront sans vous. Qu'est-ce que vous y gagnerez ? Et surtout, car c'est cela qui importe, qu'est-ce que Jésus-Christ y gagnera ? » (1).

Est-ce là une préoccupation « d'ordre mystique », comme l'appelleraient certains, et dont l'ordre économique n'a que faire ?

Toute l'Union sociale d'ingénieurs catholiques défendrait aujourd'hui contre ces tenants d'un vieux libéralisme, le point de vue apostolique de M. Harmel. Tout entière en effet elle souscrit à cette déclaration d'un de ses membres les plus éminents, M. Charles Nicaise, administrateur-délégué de la Société Lorraine-Dietrich :

« Envisagez ces questions sociales si hautes qui nous harcèlent. Selon ce que nous croirons du sens du monde, nous les résoudrons, ou par la morale de l'esclavage ou par celle de la liberté, par l'autorité imposée ou par l'autorité consentie, par l'utilité ou par la fraternité.

« Donc n'hésitons pas à nous poser ces redoutables problèmes du sens de la vie, de la Cause première et de nos relations avec elle, si nous voulons jouer un grand rôle, et si nous voulons savoir comment et pourquoi nous le jouerons » (2).

*
* *

Voilà donc dans quel laboratoire d'idées a vécu pendant trois ans Paul Bertrand, non pas en simple spec-

----

(1) *Ibid.*, p. 210.

(2) Cité par M. A. Liouville, président général de l'U. S. I. C., dans un article de *l'Echo* de mai 1924 intitulé « Pourquoi notre Union sociale d'ingénieurs s'affirme-t-elle catholique ? »

tateur, mais en préparateur, en opérateur, et parfois en maître.

C'était bien cela qu'il rêvait, quand, durant l'hiver 1921-22, il se démenait avec Henri de Winter pour constituer le premier noyau de cette organisation.

Mais quand il fut parvenu à créer à Lille un nouveau centre, bien orienté et bien vivace, sous le nom de Section du Nord et du Pas-de-Calais, il s'aperçut que les grandes agglomérations d'ingénieurs massées sur les territoires miniers et métallurgiques de Lens, de Béthune, de Douai et de Valenciennes n'enverraient jamais aux réunions de Lille que de rares délégués. Dès lors, son parti fut pris. Puisque les ingénieurs ne pouvaient venir à l'U. S. I. C., il fallait que l'U. S. I. C. allât aux ingénieurs.

Le 18 mars 1923, dans le rapport qu'il présenta sur les premiers pas de la jeune section, alors âgée de douze mois, il présageait, non seulement que « à l'enfance allait succéder une adolescence pleine de promesses », mais même que l'âge de la fécondité approchait après une si belle croissance. « Puisque, disait-il, les difficultés des communications dans les départements du Nord et du Pas-de-Calais nous empêchent de voir réunis, autour de nous, les membres qui ne peuvent être des nôtres que de cœur, nous pouvons espérer la création prochaine de groupes à Douai, Valenciennes, Dunkerque et dans les différents centres miniers. C'est sur cet espoir que je veux terminer ce compte rendu » (1).

Et, en homme habitué à ne rien laisser à la fortune, comme disait notre grand siècle, « de ce qu'il peut lui arracher par conseil et par prévoyance », il attaque ce nouveau projet avec la calme mais conqué-

----

(1) J. Echo, 1923, p. 104.

rante ténacité qui lui est coutumière. Quelques mois après, il a la joie d'écrire à un ami :

« Au point de vue de l'U. S. I. C. dont je m'occupe spécialement, cela marche très bien ici. J'ai lancé quelques appels aux deux extrémités du département du Nord, pour la création de nouvelles sections régionales ; et il semble qu'on soit sur la voie de fructueuses réalisations » (1).

Il ne s'illusionnait pas. Le blé levait, malgré l'hiver. Les difficultés de défrichement et de semailles avaient été aplanies l'une après l'autre.

En février 24, Douai avait un local, un aumônier, un groupe de volontaires convaincus et zélés. Le dimanche 3, l'U. S. I. C. comptait une filiale de plus ; sa dix-huitième section provinciale était fondée. Et le procès-verbal de la journée nomme en ces termes celui qui avait activement dirigé cette campagne :

« M. Bertrand, vice-président et secrétaire du groupe de Lille, dont le nôtre est issu, nous apporte le salut de nos camarades lillois. Il souhaite que l'union des deux sections reste intime pour le plus grand profit de toutes deux » (2).

Paul fit ensuite la conférence inaugurale, en reprenant les idées qu'il avait précédemment exposées à Lille sur « la crise de la conscience professionnelle ».

L'exemple de Douai était suivi par Valenciennes, à si peu d'intervalle, qu'on peut les appeler les sections jumelles. Le même mois les vit naître.

A l'heure où dans l'hospitalière maison de retraites de Raismes, banlieue de Valenciennes, cette nouvelle cellule d'activité catholique sociale se formait, en présence du P. Pupey-Girard, entre ingénieurs d'Anzin, de Denain, de Thivencelles, et de toute la zone noire

---

(1) Lettre à D. M., 11 novembre 1923.
(2) *Echo*. 1924, p. 137.

qui encercle la forêt de Saint-Amand, le groupe de Lille, réuni lui aussi, en son traditionnel troisième dimanche du mois, autour de ses chefs, au nombre lesquels se trouvait Bertrand, lui adressait, en un allègre et vibrant télégramme, son fraternel salut, et ses vœux de prospérité.

Le Nord justifiait son renom de terre opulente et fertile.

Enfin, sous la poussée de sève que révélaient ces éclosions, le Pas-de-Calais lui aussi s'éveilla au désir d'une semblable vie corporative. Là aussi il se trouva des hommes de talent et d'autorité, que ne satisfaisait plus l'exercice irréprochable de leurs fonctions, dès lors qu'il pouvait s'y ajouter, en toute prudence et réflexion, des vues apostoliques. Or, si empoisonnée d'égoïsme que paraisse notre société d'aujourd'hui, il est curieux de constater quel écho sympathique rencontre tout ce qui offre un moyen de s'évader de la geôle matérialiste où l'on étouffe.

Les Mines de Lens et celles de Béthune virent donc à leur tour une belle élite de leurs ingénieurs se faire les disciples d'une doctrine de salut social, dont ils voulaient recevoir, comme leurs collègues du Nord, un large accroissement de valeur active et d'influence bienfaisante dans la profession.

Il y eut autour d'eux des étonnements. Il se formula des objections, au nom de la discipline, au nom de la solidarité générale, qui l'une et l'autre semblaient courir quelques risques.

Ils durent témoigner avec une douce et loyale fermeté combien ces étonnements les étonnaient, combien ces principes leur étaient au moins aussi chers qu'à ceux qui en prenaient la défense. Ils furent entreprenants autant que sages, persuasifs en même temps qu'inconfusibles.

Et bientôt tout fut prêt pour une troisième naissance dans la famille régionale de l'U. S. I. C.

Le 8 mars 1925, le président de la Section aînée, prenant dans son automobile l'aumônier-conseil, sortait de Lille de grand matin par la porte d'Arras, et dévorait la route de Lens, pour être avec lui parrain d'un robuste nouveau-né.

Trois semaines après, Paul Bertrand consignait le fait dans les annales dont il était depuis deux ans le très diligent rédacteur, et, toujours semblable à lui-même, profitait du rapport annuel qu'il avait mission de présenter le jour de la Communion pascale, pour empêcher d'oublier dans la joie d'un succès, l'urgence du travail.

« Faut-il nous contenter, disait-il, de constater ces progrès et nous en réjouir simplement ? Nous avons mieux à faire. Dans les résultats obtenus quelle a été la part de chacun de nous ? Qu'aurions-nous pu faire, que nous n'avons pas fait ? Combien de nos camarades catholiques vivent encore loin de nous, ignorant l'existence, l'importance et la force de notre union? A chacun de nous de faire son examen de conscience et d'entreprendre une propagande active. » (1)

Rien ne montre mieux à quel point l'U. S. I. C. était aux yeux de Bertrand une œuvre d'apostolat, que le zèle croissant qui s'empare de lui, en proportion même des résultats acquis, et concurremment avec l'ascension intime de sa valeur religieuse.

Le Nord et le Pas-de-Calais sont en bonne voie d'organisation. Il regarde plus loin, et, puisqu'il a, grâce à un ami digne de lui qui s'y est établi, une voie d'accès jusque dans la Sarre, il brûle d'envie d'y donner le branle et d'y susciter des initiatives.

« La création d'une Section dans la Sarre, écrit-il à son correspondant, serait d'autant plus intéressante qu'en dehors des mines domaniales, les scieries de

____

(1) *Echo*, mai 1925, p. 202.

Dillingen, et toute l'agglomération industrielle de cette région, seraient capables de grossir rapidement le nombre des adhérents. » (1)

Bertrand apprend que le terrain a besoin, là-bas aussi, d'être préparé, que certaines susceptibilités sont à craindre. Encore un problème délicat. Qu'importe ? ils le sont tous, quand on manie des hommes. Les principes étant inattaquables, et les buts parfaitement clairs, il n'est que de s'expliquer en toute franchise. Se taire et s'arrêter, la cause est trop belle pour s'y résigner.

Il croit deviner de quel côté souffle le vent contraire. Evidemment un malentendu en est cause. Qu'on le dissipe loyalement, et l'adversaire deviendra un allié. « Il serait facile, dit Paul, de l'éclairer et de l'amener à modifier son point de vue. Les obstacles doivent être surmontés ; l'influence de l'U. S. I. C. doit s'étendre à tous les milieux industriels, et finir par grouper tous les ingénieurs catholiques. » (2)

Et il rappelle à son ami que lui-même n'a pas coutume de voir les portes s'ouvrir sans frapper, mais que ce n'est pas une raison pour attendre indéfiniment :

« Si mon directeur était-là, il me dirait : « Vous faites encore de la propagande jésuitique. » Ce à quoi je réponds : « Bien sûr ! Et je vous y amènerai ». Jusqu'à présent je n'ai obtenu aucun résultat positif. Il est d'ailleurs bien intentionné, et apprécie chez ses ingénieurs les sentiments religieux. » (3)

Les changements politiques de mai 1924 ne font que stimuler son zèle.

C'est une nouvelle défaite pour les catholiques, dont

_____

(1) Lettre à D. M., 17 mai 1924.
(2) *Ibid.*
(3) *Ibid.*

les positions, liées à celles du Bloc national, ont été, avec les siennes, sourdement et habilement minées par les chevaliers du triangle. Le Bloc est en pièces. Raison de plus pour les catholiques, laissés à eux-mêmes, d'en constituer un autre, plus homogène, et donc plus solide à l'heure des chocs.

Pendant qu'ils y procèdent sous le fouet de la nécessité, mais aussi dans un fier enthousiasme, parti d'au delà des Vosges, et propagé en traînée de poudre par des hommes qualifiés pour parler haut, comme le Général de Castelnau, l'abbé Bergey et le Père Doncœur, c'est un devoir pour chacun de consolider et de grossir les unions de catholiques auxquelles il participe, ou qui dépendent de lui, dût-on par là se signaler aux foudres officielles.

« Pour ce qui est de l'U. S. I. C., écrit Bertrand, six mois après l'avénement du Bloc des gauches, je crois que les progrès sont constants et impressionnants. M. François-Albert (1) en prend peur et veut voir là la main des Jésuites, dignes d'être expulsés sur un tel grief. Le moment n'est plus d'opposer une résistance platonique ; il faut agir. De tous côtés, des groupements s'organisent. Il semble que les maladresses successives et progressives du Cartel des gauches et de ses lauréats, ait eu l'heureux effet de remuer l'apathie, et de faire prendre aux honnêtes gens conscience de leur force et de leur nombre. » (2)

Ce sera la grande joie — mêlée d'angoisses — de sa dernière année de vie, de voir tant de réveils, et de si magnifiques sursauts dans le camp catholique.

Il reconnaîtra facilement dans ce grand coup de vent arrière qui gonfle les voiles, la méthode providentielle de Celui qui a dit : « l'Esprit souffle où il

____

(1) Ministre de l'Instruction publique du cabinet Herriot.
(2) Lettre à D. M., 5 novembre 1924.

veut ». Il y verra la récompense des efforts minimes et des prières inconnues, qui appelaient et préparaient le démarrage nécessaire, sans savoir à quelle impulsion Dieu donnerait un jour de produire un pareil ébranlement.

Mais il n'en sera que plus décidé à continuer sa tâche obscure, entreprise à l'Ecole polytechnique avec la foi d'un apôtre, et poursuivie patiemment dans les milieux d'ingénieurs, en y faisant rayonner l'U. S. I. C. Le but reste le même. Si l'atmosphère est plus chargée d'orages, il n'en devient que plus nécessaire : il faut qu'en se groupant méthodiquement, les catholiques reprennent conscience de leur nombre, de leur force, et par conséquent de leurs devoirs d'influence et de sauvetage social.

*
* *

Si Paul Bertrand avait su s'affranchir de l'esprit de caste — je veux dire : d'Ecole — et oublier, parmi les ingénieurs, les différences d'origine et de formation, pour se faire tout à tous, il n'oubliait pas non plus que les carrières scientifiques ne représentent pas toute l'élite intellectuelle du pays, ni surtout que les formations catholiques spéciales, comme l'U. S. I. C., ne sont pas toute l'Eglise.

Fait pour jeter des ponts, ressentant jusqu'à la souffrance le danger de nos divisions entre catholiques, comme des barricades élevées entre Français, il étendait volontiers son action à tout groupe qui s'ouvrait à lui, dût-il ne s'y trouver, lui maître en sa spécialité, qu'au rang des profanes, presque des apprentis.

Ne voir que son monde à lui, le monde de la science industrielle, et côtoyer en les ignorant le reste des hommes, lui eût semblé l'effet d'une sorte de mirage professionnel. Il ne pouvait consentir à être de ceux à qui « les arbres cachent la forêt ».

Or, peu après son installation dans le Nord, différentes attirances se firent sentir, hors de sa sphère ordinaire de pensée et d'action. Des groupes, dont il rencontra les dirigeants, réclamèrent sa collaboration, en lui offrant de nouvelles relations, peut-être des amitiés, en tous cas un terrain d'apostolat.

Paul était alors très isolé. Il avait du dévouement en réserve. Il devait accepter l'offre et la demande.

Mais qu'allait-il choisir ?

D'un côté, on lui parlait d'un groupe qui se fondait avec des jeunes gens de sa valeur et de sa culture, la plupart anciens officiers de la guerre, démobilisés dans le barreau, la presse ou les affaires.

De l'autre, il trouvait dans sa paroisse de banlieue des œuvres populaires, où une place influente l'attendait.

Où était le devoir ? Où fallait-il porter la collaboration vivante et active dont il se sentait capable ?

Il voyait bien qu'il y a un travail de formation, d'approfondissement intellectuel, qui ne se fait qu'entre esprits déliés et exercés, et aussi qu'il est doublement précieux d'affermir dans la voie droite ceux qui doivent être les guides de la masse.

Mais il comprenait trop bien aussi la « grande pitié » du peuple de France, dépouillé de sa religion, et doutant de son âme, pour refuser son aide à l'œuvre urgente de sa « rééducation » morale.

L'alternative se pose devant d'autres que lui.

Au cours de la « Semaine des écrivains catholiques » de mai 1923, tout entière consacrée au grand problème de l'utilisation, au profit de la foule, des talents intellectuels, M. Bernoville ne craignit pas de présenter sans atténuation la thèse des partisans de la tour d'ivoire, hantés par la crainte « de diminuer la force de la pensée, et d'abaisser l'art, en les voulant mettre à la portée d'un public qui ne serait pas préparé à les recevoir, encore moins à se les assimiler ». Il comprenait « combien est instinctif pour le penseur, pour l'artiste, ce repliement dans un aristocratique isolement ; combien est séduisant pour eux le contact exclusif avec un petit groupe d'hommes cultivés, sensibles aux moindres pulsations de la pensée et à toutes les nuances de l'art ».

Mais aussitôt il les appelait à un rôle plus en rapport avec leurs responsabilités de producteurs d'idées.

Et il leur demandait d'ouvrir assez grands les yeux sur la misère morale de notre peuple, de « se pénétrer de la vision d'un grand pays dépossédé, par le laïcisme, de ces valeurs spirituelles qui l'ont fait, et dont il vivait », afin que « du sursaut de toute l'âme devant de si grandes choses avilies » naisse une pensée, une œuvre, un art, où les âmes populaires puissent trouver de quoi ne pas mourir de faim. Car « après tout il y a pour un écrivain quelque chose de plus beau que de devenir un mandarin à multiples boutons de cristal, et c'est de tenter de modifier profondément la structure intellectuelle et morale de son temps », et pour cela d'entrer délibérément « au cœur de l'inquiétude nationale et du grand gémissement humain » (1).

Paul Bertrand qui suivit et aima l'œuvre de Bernoville, pensait en cette matière exactement comme lui.

Il se reconnaissait une double obligation : celle d'entretenir la culture supérieure qu'il s'était donnée, et par conséquent de trouver ou de créer un milieu où elle fût comprise et partagée ; et d'autre part celle d'en faire bénéficier fraternellement, en l'adaptant et

____

(1) *Les Lettres.* 1ᵉʳ juillet 1923. pp. 20-23.

en la dosant avec le tact voulu, ceux qui s'étaient trouvés hors d'état de l'acquérir.

Il ne faillit à aucun de ces devoirs.

Et personne mieux que lui ne peut nous révéler avec quelle hauteur de sentiments il les aborda.

En septembre 1921, un de ses anciens collaborateurs aux œuvres de l'École polytechnique lui demandait en confidence comment il s'y était pris pour continuer, dans un milieu si nouveau, l'apostolat commencé ensemble à Paris. Provoqué au nom de l'amitié chrétienne, Bertrand prend la plume, dans une de ces soirées de dimanche, où, seul dans sa chambre, à proximité de l'usine relativement au repos, il renoue d'un bout à l'autre de la France les collaborations spirituelles toujours si bienfaisantes.

« Lorsque, il y a un peu plus d'un an, je suis arrivé à Loos, isolé dans le Nord où je ne connaissais personne, je me suis demandé comment je pourrais arriver à vivre quelque peu la vie de nos œuvres d'X, ou tout au moins à vivre dans leur esprit.

« J'allai d'abord trouver le Père V..., qui me demanda si j'accepterais de faire partie de son groupe catholique de jeunes gens dont les réunions allaient commencer au mois d'octobre suivant, à raison d'une par quinzaine environ. C'est ainsi que je suivis régulièrement toute l'année dernière ce cercle d'études, participant aux discussions et faisant des conférences sur les sujets les plus divers, qu'on me demandait de traiter.

« Je me suis mis aussi à la disposition du vicaire de Loos pour participer aux réunions de son cercle d'études paroissial, et là encore j'adoptai le même principe dans les discussions et pour les conférences. Lorsque le zèle des conférenciers fléchissait, j'acceptais sans hésitation de faire la prochaine causerie.

« Je ne parlerai pas du peu de bien qu'on peut arriver à faire, et d'ailleurs le bien est probablement dû à d'autres influences qu'à celle des paroles. Mais nous pouvons arriver à intéresser un auditoire plus facilement que ne le peuvent des jeunes gens ayant moins vécu et ayant une formation intellectuelle peut-être moins poussée ; et ainsi contribuer à les attirer davantage aux réunions du cercle d'études.

« Par ailleurs, toutes ces discussions et ces petites conférences sont excellentes pour la formation personnelle de celui qui les fait.

« Mais, dans cette région, comme je le disais dans une précédente lettre à N..., j'ai été particulièrement favorisé ; je n'ai eu qu'à m'encadrer dans des formations organisées et florissantes. J'y trouve une occasion de voir comment fonctionnent ces rouages, pour pouvoir, le cas échéant, en provoquer la création dans d'autres régions plus déshéritées.

« J'estime que lorsqu'on est célibataire, il ne faut pas hésiter à prendre part à un grand nombre d'œuvres. Il ne faut pas reculer sous prétexte qu'on n'aura plus le temps lorsqu'on sera marié. Il sera toujours temps à ce moment-là de rogner le superflu, et de réserver plus de temps à la vie de famille, en ne gardant comme œuvres que ce qui sera compatible avec elle. » (1)

Cette lettre était à citer entière, moins pour les faits qu'elle raconte, que pour l'âme qui s'y révèle.

Bertrand, arrivant à Lille, n'a pas eu peur de l'embrigadement, de l'assujetissement des œuvres, dont se défient tant d'autres, trop jaloux de leur liberté. Il craignait plutôt, — et ses amis craignaient pour lui —, un chômage forcé, auquel ne pouvait se résigner sa soif de conquête.

____

(1) Lettre à A. L., 14 septembre 1921.

Dès qu'il entend dire qu'il y a quelque part des jeunes gens comme lui, curieux d'autre chose que de mondanité, de politique, ou de sport, il est impatient de les connaître et de se joindre à eux. Il aidera leur zèle comme ils soutiendront le sien. En réalité, c'est sa présence au milieu d'eux qui fera le succès du groupe.

*
* *

Les soirées amicales qui commencèrent alors, eurent le charme et l'originalité de toutes les œuvres naissantes, dont l'histoire n'existe encore que dans les projets et les rêves, où elle prend facilement couleur de poésie. C'est l'heure des premiers jaillissements. Tout y est frais et jeune. La routine et le formalisme n'ont encore rien ralenti, rien figé.

Aussi Paul, les trouvant « si vivantes », les aima-t-il beaucoup, et y fut-il exemplairement fidèle. Si parfois on dut se résigner à se passer de lui, on pouvait être sûr que les imprévus de ses fabrications en étaient cause, ces « incidents divers, comme il les appelait, qui arrivent toujours au moment où on voudrait partir » (1). Et la privation lui était sensible.

Les fondateurs du Groupe n'ont pas oublié leur berceau, ce bureau du boulevard Vauban, où pendant deux ans, avaient activement fonctionné tant d'œuvres de guerre, où, entre autres, l'Union Nationale des Combattants avait vu naître, sous le patronage du propriétaire de céans, le commandant S..., sa section du Nord.

Le Groupe y naquit un beau soir, sans faire aucun bruit dans le monde, et sans se préoccuper d'y bâtir une façade.

____

(1) Lettre à A. L., 8 sept. 1922.

De constitution, point. D'élection, pas davantage. Toute la formule du groupe tenait en ces deux mots : vie et sincérité.

Pas de longs monologues, mais une causerie animée et générale. Pas de sujets réservés, ni de réticences diplomatiques, mais un commun désir de retrouver sous la bigarrure des partis et des opinions, la profonde et riche unité catholique dans laquelle tous sympathisaient ardemment. De la courtoisie toujours, souvent de la finesse, et, d'un bout à l'autre, de la gaîté.

Chacun à son tour était installé secrétaire de séance.

Paul Bertrand, — qui eut d'ailleurs à l'U. S. I. C. un secrétariat permanent autrement laborieux —, y passa peut-être ici moins souvent que d'autres. Mais c'est parce qu'il remplit presque toujours un autre rôle, celui de conférencier, ou celui de président.

Il devint même, comme tout naturellement, président à vie, sans que son nom fût jamais sorti d'aucune urne électorale. Tant il avait semblé à tous, que, lui présent, il était impossible d'attribuer la présidence à un autre.

Ce n'est pas qu'il eût de la faconde naturelle, ou qu'il aimât à se faire entendre.

Comme il arrive à pas mal d'ingénieurs, — à la différence des avocats —, sa longue et silencieuse formation mathématique l'avait peu entraîné à l'éloquence, et la concision qu'exige, surtout en temps de guerre, le style du commandement militaire, ne lui avait guère rendu familiers les secrets de l'abondance oratoire.

Il le savait, et, sans en souffrir, — il était trop modeste pour qu'une infériorité de ce genre mortifiât son amour-propre, — il en faisait facilement, et même plaisamment, la constatation et l'aveu.

Mais ce qui le distinguait d'un trop grand nombre de ses pareils, c'est que, voulant, — comme il savait vouloir —, s'approprier un si essentiel moyen d'influence sur les hommes et d'action dans la vie publique, il ne se retranchait jamais derrière ce commode prétexte, pour échapper aux occasions de payer de sa personne. Ayant des idées, et les jugeant bienfaisantes, il était décidé à mettre à leur service un instrument suffisamment docile.

Et il s'y exerça avec une tenace persévérance, dont les heureux fruits ne se firent pas attendre.

Le moyen était simple. Lui-même le formule ainsi : « Ce n'est qu'en se jetant à l'eau qu'on peut apprendre à nager. Chassons la timidité naturelle et prenons la parole chaque fois que nous en avons l'occasion. » (1)

Tout sujet d'ailleurs lui était bon. Car son esprit largement ouvert, savait tirer parti de tout, et ce qui l'intéressait, c'était ce que l'auditoire souhaitait d'entendre.

On lui propose d'étudier les Origines du socialisme : le voilà parti sur la piste de Marx et de Bakounine (2). On lui remet la Vie de Pasteur : il s'y plonge et en rapporte une analyse très sagace, et pleine d'humour (3). Un livre de Goyau : « *Le catholicisme doctrine d'action* », a été apporté un jour sur le tapis vert du bureau où l'on se réunit ; il s'en empare et, quinze jours après, nous en parle avec un enthousiasme communicatif (4). Une série d'articles de *l'Ame française* sur « les catholiques dans la vie nationale » lui tombe sous la main : il les condense en un exposé très suggestif des causes de nos longues et lamentables défaites politiques (5).

------

(1) Lettre à D. M., 21 janvier 1923.
(2) 14 mars 1921.
(3) 5 février 1923.
(4) 14 mai 1923.
(5) 12 novembre 1923.

Un jour, le 7 janvier 1924, le Groupe apprend qu'un Congrès familial va se tenir à Lille dans trois mois.

On y étudiera la grande détresse de la famille française, prise entre les feux croisés des mauvaises lois et des mauvaises mœurs, et on recherchera les moyens de l'arracher à la destruction complète.

Dans une séance particulièrement nombreuse, — on y compte, vrai record, vingt-deux présences —, le Groupe délibère sur la participation qu'il serait capable d'apporter à ces travaux. Quelques-uns craignent de s'engager au delà des limites de leurs loisirs, et de leur compétence. Bertrand qui préside, enlève les adhésions, propose et réalise le partage des membres présents en quatre ou cinq petites commissions, qui vont s'attacher, chacune dans l'ordre de sa spécialité ou de ses goûts, à un aspect du problème : il y aura la commission juridique, la commission médicale, la commission religieuse et morale, la commission régionaliste, la commission sociale.

C'est dans l'ardeur de ce travail que, le 28 janvier, un vote unanime baptise enfin le Groupe depuis quatre ans sans nom, et lui donne le parrainage du grand ingénieur-économiste, qui s'est tant appliqué à observer les conditions de vitalité et de bonheur de la famille française, Frédéric Le Play. Présidée par un « X », la petite assemblée trouvait une joie spéciale à se donner un autre « X » comme patron. Elle ne se refusait pas d'ailleurs à compléter son œuvre, et à marcher plus avant dans la direction indiquée par lui, en particulier à se montrer fidèle au geste symbolique qu'il fit peu avant de mourir, en adressant au Pape Léon XIII l'hommage de ses patients travaux.

Le 11 février, Paul Bertrand, au nom de la petite « commission sociale », présentait son rapport sur les postulats sociaux de la restauration de la famille.

C'était un travail vraiment « leplaysien », tout entier basé sur des enquêtes objectives et directes, faites l'année précédente, sous l'impulsion de l'U. S. I. C., par des ingénieurs catholiques de toute la France.

Ainsi Paul Bertrand aura beau se plaindre gaiement dans ses lettres de son peu de facilité à parler ou à écrire. Il utilisera même des réminiscences qui n'avaient rien de scientifique, pour railler sa soi-disant sécheresse littéraire : « Je n'ai jamais eu « l'imagination bien vive, ni ce feu d'esprit qu'on remarque chez quelques-uns » ; et j'étais né pour jouer le rôle de Thomas Diafoirus dans le *Malade imaginaire*. Peut-être ai-je raté ma vocation, mais mieux vaut tard que jamais, et à la prochaine reprise de cette pièce, j'irai me présenter à la Maison de Molière » (1).

La meilleure réponse, c'est ce volumineux courrier, si original et si attachant, où nous avons pu retrouver le meilleur de lui-même.

C'est encore ce Cercle d'études, dont il fut pendant plusieurs années, comme il l'écrivait en février 1924, « le président provisoire (le provisoire étant ce qui dure le plus longtemps) ».

Comme président, il avait à diriger les débats, et à dire son mot sur les questions très variées qui sollicitaient l'attention passionnée du Groupe.

Or, s'il devait se sentir plus à l'aise lorsqu'un ingénieur parlait, puisqu'il se retrouvait avec lui comme en famille intellectuelle, il semblait apprécier très particulièrement les apports les plus étrangers en apparence à sa propre formation, pourvu, — ce qui était d'ailleurs presque toujours le cas —, qu'ils fussent dignes d'une analyse attentive et exigeante.

Quand l'un des membres les plus fidèles, sculpteur de profession, et artiste jusqu'aux dernières fibres, nous exposait soit les tendances modernes de l'art, soit sa

____

(1) Lettre à D. M., 16 juin 1921.

valeur éducative et son absolu besoin d'idéal religieux, soit encore les nuances d'âme qu'expriment des œuvres aussi riches et complexes que celle de Léonard de Vinci, — ou bien lorsque quelqu'un apportait de beaux vers dont la matière avait autant de prix que la forme, qu'ils fussent de Louis Mercier, ou de Jacques Debout, de Le Cardonnel ou d'Henri Ghéon, — il écoutait avec recueillement ce chant d'âmes privilégiées, dans l'ambiance desquelles la sienne ne se sentait nullement dépaysée.

Et, tout en se mettant alors au rang des disciples, il excellait à poser des questions comme n'en posent que les élèves doués à l'égal des maîtres.

Pourtant, si ouvert qu'il fût à tout problème digne d'un homme intelligent, Paul Bertrand était tout l'opposé d'un dilettante.

Et au Groupe Le Play, tous en cela ressemblaient au président.

On y venait de tous les points cardinaux de l'horizon intellectuel catholique. Toutes les tendances politiques et sociales y étaient représentées. Des militants de différents partis s'y coudoyaient. Il est parfois de règle en pareil cas d'écarter toutes les questions litigieuses, tous les sujets qui sentent la poudre, de crainte d'une conflagration dont l'amitié eût à souffrir.

Et partout ailleurs qu'entre catholiques, réunis comme tels, cette règle peut être prudente.

Ici pourtant avait prévalu un principe contraire.

Loin de craindre la brûlante actualité, le Groupe la mettait le plus souvent possible à son ordre du jour. Quel que fût le menu intellectuel de la soirée, il fallait tôt ou tard que l'on ouvrît ce que l'un des membres avait malicieusement appelé, d'un mot qui avait fait fortune, « l'armoire aux poisons », c'est-à-dire que très loyalement, et très complètement, fussent exprimés sur la question proposée, les différents points de vue entre lesquels se partage l'opinion catholique d'aujourd'hui.

Seules étaient interdites les discussions de formes politiques, dans lesquelles l'expérience prouve que les plus intelligents perdent d'ordinaire beaucoup de leur clairvoyance, les meilleurs quelque chose de leur sincérité.

Ce fruit défendu n'en gardait pas moins, bien entendu, tout son attrait tentateur, et ce n'était pas le moindre charme de certaines soirées que l'humour avec lequel le président Bertrand, chargé de veiller à l'observation du règlement parlementaire, dépistait les cheminements tendancieux, et diagnostiquait dans les jugements de droite ou de gauche, les premiers symptômes de l'esprit de parti.

On le voyait finement sourire, puis décocher quelque joyeuse malice à l'adresse du « partisan », assez disposé d'ailleurs à reconnaître de bonne grâce le flagrant délit.

Avec quelle plénitude d'assentiment au contraire il adhérait aux appréciations sur les hommes ou sur les choses, dont le critère était visiblement l'esprit catholique. Là il se reconnaissait vraiment sur son terrain, dans l'atmosphère qu'il souhaitait respirer en venant au Groupe Le Play. Il aimait ce cercle d'amis, et faisait résolument ses quatre kilomètres pour s'y rendre, — et quatre autres pour en revenir, souvent à pied, en pleine nuit —, parce qu'on y pouvait ouvertement et explicitement, sur tout sujet, même politique, s'évader des cadres convenus, des formules imposées, des geôles de l'esprit, et, sans opposition ni contrainte, penser et parler en chrétien.

Non seulement il lui plaisait qu'après la prière, la causerie de la soirée commençât par l'évocation d'une parole ou d'une scène d'Evangile, choisie d'ordinaire en liaison avec le programme intellectuel de la réunion. Mais tous remarquèrent dès les premiers temps avec quelle respectueuse attention il suivait, il vivait la pensée divine, et comment déjà il y cherchait des lumières pour la solution du problème qui allait être posé.

Souvent au commentaire de l'aumônier, fait pour en amorcer d'autres, il était le premier à ajouter le sien. Il semblait prendre à tâche de fixer les réflexions de tous au niveau des enseignements du Christ, afin qu'elles retombassent moins facilement en plein remous des discussions et des incertitudes humaines.

Il réussit ainsi à faire prendre à plus d'un le goût du catholicisme social au sens le plus général du mot, c'est-à-dire le sens des harmonies profondes et si passionnantes à découvrir, entre la vérité catholique et l'ordre social.

Et si aujourd'hui encore, dans le Groupe qu'il a présidé en fait pendant plus de quatre ans, et où son souvenir est encore fréquemment évoqué, les questions religieuses sont toujours au premier plan des curiosités et des sympathies, jusqu'à accaparer parfois toute la durée et tout l'intérêt de la conversation, c'est que l'esprit de Paul Bertrand a laissé durablement sa marque sur son œuvre, qui ne saurait d'ailleurs lui en préférer une meilleure.

Est-ce à dire que Bertrand fût, en politique, un indifférent, et qu'il méprisât toute tentative d'améliorer par des moyens humains le fonctionnement de la « chose publique » ? (1).

Non certes, et son idéal catholique lui-même, précisé par les préceptes les plus authentiques de l'Eglise, — dont nul chrétien ne peut raisonnablement ni ignorer,

----

(1) Les idées de Bertrand, résumées ici, furent le thème de bien des causeries, de plusieurs lettres et aussi de sa conférence du 12 novembre 1923 sur : *Les catholiques dans la vie nationale.*

ni blâmer les solennelles interventions en cette matière —, lui eût fait d'un tel abstentionnisme un sérieux grief.

Aussi nettement qu'il se prononçait au point de vue
social, contre « les théories de la vieille école libérale
et de ses derniers adeptes, surtout à cause des conséquences immorales et funestes qui en découlent, lorsqu'on traite l'homme simplement comme une machine » (1), il déplorait, au point de vue politique, la
théorie commode de l'émigration à l'intérieur, qui a
fait des catholiques français, malgré leur nombre et
leurs moyens d'action, des citoyens effacés, et comme
inexistants, tout en fournissant aux offensives et aux
empiètements de leurs adversaires tous les « laissez
passer » qu'ils pouvaient désirer.

Il n'admettait pas que l'on confondît l'action catholique avec la turbulence et l'agitation, et c'est pourquoi
il ne voulait pas qu'elle s'inféodât à des partis politiques, même respectueux de ses buts, et partisans de ses
réclamations fondamentales.

Mais il ne comprenait pas davantage, il comprenait
moins encore, qu'elle fût le partage des timides et des
inertes.

Il lui déplaisait que des catholiques eussent à l'égard
des affaires publiques de leur pays une attitude dis-
tante et boudeuse, laissant ainsi leur patrie sans défense contre la tyrannie de chefs indignes. Stigmatiser
de loin la malpropreté de bien des intrigues politicien-
nes, et se réserver pour le jour où le gâchis national
serait complet, comme si la tâche devait alors être
plus aisée, lui paraissait un jeu singulièrement dangereux, et une méthode difficile à concilier avec un patriotisme averti et désintéressé. Et il trouvait même un
douloureux contraste entre la promptitude de certains

––––––––––

(1) Lettre à D. M., 14 juillet 1921.

Français à consentir généreusement tous les sacrifices de la guerre, et leur opiniâtreté à se dérober à des devoirs de salut public non moins impérieux.

Ayant vu proches d'aboutir des réformes essentielles comme la représentation proportionnelle, ou même le suffrage familial, il se plaignait du manque de cohésion, et surtout d'audace, qui en avait arrêté les initiateurs à mi-chemin, mais il ne les croyait pas tellement hors de portée qu'on ne pût jamais en espérer le succès par des moyens légaux. Les soubresauts si inquiétants dont souffre notre vie politique, et dont les élections du 11 mai 1924 lui fournissaient un sinistre exemple, lui faisaient faire d'amères réflexions sur la versatilité du suffrage universel dans une société désorganisée ; mais il ne lui venait pas à la pensée d'y chercher un argument pour ôter le bulletin de vote des mains de la classe populaire, et en faire le monopole des intellectuels et des possédants.

Il voulait que par ce bulletin toute opinion sincère fût libre de s'exprimer, et que la véritable élite sociale eût par lui voix prépondérante.

Cette élite, il la voyait d'abord dans les pères de famille, puis dans les représentants autorisés des professions et associations importantes. C'est dire qu'il la composait d'hommes investis de responsabilités naturelles, ou engagés dans de puissantes solidarités, et par là même, assurés, autant que faire se peut, contre les fluctuations de l'individualisme, et contre les pressions officielles ou occultes (1).

Ainsi se produirait l'épuration nécessaire des sources de la puissance publique. Ainsi deviendrait possible le renforcement du pouvoir exécutif, qu'appellent tous les hommes de bon sens.

En attendant cet assainissement politique, — ou plu-

----

(1) Lettre à A. L... 25 mai 1924.

tôt pour le hâter, car il ne se réalisera pas tout seul, — Bertrand veut qu'on « s'efforce d'obtenir des garanties, des candidats auxquels on promet son appui » (1), et pour y réussir, que les catholiques, avec l'appoint des honnêtes gens qui accepteraient leur alliance, s'entendent sur un programme cohérent et net, dans lequel la revendication de la liberté pour tous, et donc de la disparition des lois d'exception, voisinerait avec des vues généreuses et larges au point de vue social.

Enfin il attirait l'attention de ses amis sur notre infériorité criante dans la conquête de l'opinion publique. La « propagande remarquablement organisée » des partis de gauche lui paraissait expliquer rationnellement leur succès et la diffusion de leurs théories subversives. Celles-ci en effet « par leurs journaux atteignent tous les mécontents », alors que, faute d'organes à grand tirage populaire, « notre voix ne porte pas », et tout ce qui vient de notre côté, réclamations ou programmes, ne parvient à la masse que transmis et déformé par la parole ou la plume de nos adversaires (2).

Paul Bertrand ne pouvait prévoir, quand il préconisait ces plans, en mai 1924, la levée en masse de la Fédération nationale catholique, ni les campagnes hardies et tenaces de ce corps franc, d'allure toute militaire, qui allait s'appeler la Ligue des Droits du Religieux Ancien Combattant (D. R. A. C.).

Il put cependant, avant de mourir, saluer avec joie les débuts et les promesses de cette ardente mobilisation, qu'il eût à peine pu espérer aussi rapide et aussi générale. C'était bien là la politique de son choix, pourvu qu'aux grands ébranlements de l'opinion, succédât la lutte opiniâtre et quotidienne de la part de ci-

____

(1) Lettre à A. L... 23 août 1923.
(2) Au même, 25 mai 1924.

toyens redevenus conscients de leurs droits et décidés
à les maintenir ou à les reprendre, contre tout empiè-
tement tyrannique des majorités sectaires.

*
* *

Quel que fût l'attrait de ses réunions, le Groupe Le
Play ne suffisait pas à Paul Bertrand.

Il lui était précieux de pouvoir, entre intellectuels,
explorer la brousse épaisse et confuse des controverses
d'aujourd'hui, et y frayer des avenues d'air et de lumière qui permissent de ne pas y périr égaré. Mais il
ne pouvait oublier qu'en un temps où tout est discuté
par tous, la masse des petits avait surtout besoin qu'on
la guidât vers ces avenues libératrices, et, vivant au
milieu d'eux, il se serait reproché lourdement de laisser cette tâche à d'autres.

Mais comment s'y prendre ?

Bien des œuvres venaient solliciter son concours,
comme il arrive inévitablement aux rares hommes de
vrai dévouement, en qui toute organisation qui vi-
vote voudrait trouver son homme providentiel. Que
faire ? Collectionner les titres et les présidences, en
laissant tout le fardeau sur d'autres épaules ? Cela lui
eût paru un snobisme singulièrement déplacé. Il choi-
sira donc, avec le regret de ne pouvoir tout faire, et
la règle de son choix s'inspirera, comme il convient à
un industriel, du rendement maxima au point de vue
apostolique.

Voici d'ailleurs comment il exposa lui-même ce petit
cas de conscience :

« Chaque jour, on est sollicité par de nouvelles œuvres toutes plus intéressantes les unes que les autres.
On ne peut bien certainement, à mon avis, s'attacher
à toutes. C'est aux œuvres permettant d'exercer la plus
large influence qu'on doit s'attacher ; tout en donnant
une adhésion de principe aux autres, s'il y a lieu, c'est

aux premières qu'on accordera la plus large collaboration.

« Je ne crois pas, d'autre part, qu'une œuvre quelconque puisse être entreprise à contre-cœur. Donc celles à qui nous donnerons notre temps, notre activité, notre influence, seront celles qui présenteront un attrait, de préférence à d'autres qui correspondraient moins aux goûts et aux aptitudes que l'on peut avoir.

« Il ne faudrait pas cependant trouver un prétexte facile à l'inaction, dans le fait qu'il n'existe pas d'œuvre susceptible de correspondre à nos *desiderata*. Il ne faut pas oublier que si on reste inactif, d'autres influences agissent en sens contraire et obtiennent d'autant plus aisément des résultats, qu'elles remuent des passions et favorisent les instincts mauvais de l'individu. Leur impulsion qui s'ajoute à la quantité de mouvement déjà acquise, peut devenir formidable, si aucune autre impulsion ne réagit en sens inverse.

« En général, on remue difficilement notre égoïsme, et, pour courir aux œuvres multiples qui nous sollicitent, notre vitesse est assez faible. Il nous en coûte de sortir de notre tour d'ivoire, mais nous le devons, et le résultat sera d'autant plus important que nous ne serons pas seuls à mener la lutte : nous bataillerons et Dieu donnera la victoire » (1).

Donc, aussi bien dans l'emploi d'une vie simple de catholique militant, que dans l'effort national de résistance à la politique sectaire et aux menaces communistes, Paul Bertrand redoute tout gaspillage d'énergie. Il ne veut pas « que nous risquions de disperser nos efforts en une pulvérisation de petits essais sans résultat fécond » (2). Comprenant la nécessité d'une « organisation puissante », il commence, en homme pratique, par l'introduire dans ses propres actes.

____

(1) Lettre à A. L., 18 août 1924.
(2) Lettre à A. L., 11 novembre 1924.

Or il lui sembla, en vrai fils de l'Eglise catholique, que le centre le plus normal de son activité apostolique devait être le plus proche, celui en qui s'affirmait auprès de lui l'organisation même de l'Eglise hiérarchique, celui qui avait des droits particuliers à son dévouement : la paroisse.

Un cercle d'études de jeunesse catholique existait dans la paroisse de Loos. Paul Bertrand n'attendit pas que l'admirable vicaire chargé des jeunes gens vînt, comme c'est trop souvent nécessaire, multiplier les instances, pour plaider auprès du polytechnicien la cause de son élite de jeunes employés et ouvriers.

Il alla s'offrir, heureux de trouver à sa porte l'occasion qu'il souhaitait, et se promit d'y donner l'exemple d'une participation très régulière et très active.

Il fut, là comme partout, très simple, très complaisant, très laborieux.

Bien que son initiation aux œuvres eût été commencée dès son séjour à l'X, il se considère ici comme un débutant : « J'assiste tous les quinze jours, écrit-il le 15 mars 1921, aux séances du Cercle d'études de jeunes gens de Loos, et de temps en temps j'y émets mon opinion, formule un avis. J'y ai même fait une conférence sur l'Irlande. Le sujet ne m'inspirait pas beaucoup, et comme je ne suis pas capable de dire deux mots de suite sans bafouiller, je fus assez lamentable » (1).

Les auditeurs pourtant se lamentèrent si peu, que, en juillet suivant, c'est encore à lui que revient la parole. On a fait appel à ses souvenirs d'officier d'artillerie, et on lui a demandé une causerie sur « le repérage par le son ».

Il s'exécute de bonne grâce, tout en s'excusant pres-

____

(1) Lettre à D. M.

que de traiter « un sujet qui n'a rien de social ni d'apologétique » (1).

Deux mois après d'ailleurs, il revient à un apostolat plus direct par une conférence sur « La faillite de la morale sans Dieu ». Ici il s'est mis au travail avec toute son expérience et tout son cœur. Il sait ce que vaut d'ordinaire la vie morale des jeunes gens qui n'ont pour idéal qu'une philosophie vaporeuse, et aussi quelle a été pour lui la source du courage comme de la pureté.

Et ce qu'il sait, il n'hésite pas à le dire : « Lorsqu'on veut vivre réellement en faisant son Devoir, tout son Devoir, on sent qu'il faut un autre appui que des théories, plus ou moins captivantes sur le papier ; il faut s'appuyer sur une force qui soit capable de vous soutenir et de vous imposer une règle de conduite. Et cette force, c'est Dieu » (2).

Puis, appliquant son analyse à la société d'aujourd'hui, si chaotique et si divisée, il montre dans son désordre la conséquence normale de l'athéisme régnant.

« C'est dans la morale sans Dieu, affirme-t-il pièces en mains, qu'il faut chercher l'origine de tous les conflits sociaux actuels, des haines et des luttes de classes, — où d'ailleurs la culpabilité est partagée »(3).

Ce soir-là, Paul Bertrand revint chez lui avec une moins pauvre idée de ses aptitudes oratoires. Il note bien que ce sujet, « très intéressant certes, aurait gagné à être traité par un conférencier plus habile ». La sincérité le force cependant à constater qu'il peut arriver « à intéresser l'auditoire, et à l'amener à se resserrer plus nombreux et plus fidèle autour du cercle

---

(1) Au même. 14 juillet 1921.
(2) Manuscrit de la conférence : deuxième rédaction.
(3) *Ibid.*

d'études », et il écrit, aussi joyeusement que modestement : « Peut-être ai-je pu faire quelque bien » (1).

Il se confond d'ailleurs de n'en pas faire davantage.

Des lettres d'anciens polytechniciens lui ayant apporté l'écho d'initiatives généreuses tentées sur d'autres points du territoire, il félicite et envie ceux qui lui
paraissent le distancer rapidement dans la course au
dévouement.

« Je ne puis qu'admirer, écrit-il vers le même
temps, le zèle apostolique des camarades qui se dévouent pendant leurs vacances auprès de leur patronage, ou qui s'efforcent d'attirer aux retraites de jeunes conscrits » (2).

Et il voudrait « suivre de tels exemples », et se montrer le digne émule de ces jeunes entraîneurs qui « font
éclater autour d'eux le rayonnement de leur apostolat ».

De son côté, Paul entra de plus en plus avant dans
les organisations paroissiales de piété ou de charité.
L'ancien retraitant de Clamart et l'ancien adorateur
des nuits de Montmartre ne pouvait se refuser à la
confrérie du T. -S. Sacrement, dans les rangs de laquelle il aimait, non seulement à assister souvent à la
grand'messe, mais encore à former publiquement, aux
processions qui se déroulaient dans les rues, la garde
d'honneur de l'Eucharistie. C'est à ce titre qu'il ac-
complit un de ses derniers actes religieux, qui fut en
même temps un des plus solennels.

Le dimanche 28 juin 1924, quatre jours avant sa
mort, tandis qu'il attendait d'un moment à l'autre
l'enfant qui devait naître pendant les funérailles de
son père, il voulut, malgré son désir de rester au foyer,
prendre part à la grande manifestation eucharistique

____

(1) Lettre à D. M., 16 septembre 1921.
(2) Lettre à A. L., 14 sept. 1921.

pour laquelle tous les hommes de l'arrondissement de Lille étaient convoqués à Haubourdin.

Il partit en courant, à la dernière heure, pour aller y tenir sa place et y remplir son devoir.

Rien ne faisait encore prévoir qu'il eût à attendre pour la semaine qui commençait autre chose qu'un joyeux avènement. Notre-Seigneur pourtant l'avait marqué pour être, dès son retour, non plus seulement l'adorateur de l'Hostie, et son défenseur éventuel, mais pour devenir lui aussi une hostie obéissante jusqu'à la mort. A l'Hosannah du triomphe évangélique allait presque immédiatement succéder le « Consummatum est » du Calvaire.

Si soudain qu'ait été ce dénoûment, n'en trouvons-nous pas comme un pressentiment inconscient, tout au moins comme une providentielle préparation, dans cette activité apostolique, qui, si elle ignore toujours l'agitation fiévreuse et dispersée, ne put jamais non plus se résigner au chômage.

L'esprit constamment en éveil, et le cœur toujours ouvert aux sollicitations généreuses, il avait déjà commencé à exporter les travaux présentés d'abord au cercle d'études de Loos ou au Groupe Le Play.

Plusieurs villages des environs en effet souhaitaient d'entendre eux aussi, dans leurs unions catholiques d'hommes et de jeunes gens, cet ingénieur-apôtre, qui après avoir magistralement dirigé le travail de ses ouvriers, se donnait encore la tâche de redresser les idées de ses concitoyens. Il se rendit à leur désir, convaincu que si la paroisse est le premier champ d'action, elle ne saurait, sans une fâcheuse étroitesse, garder pour elle seule ses plus belles ressources. Paroissien fidèle, mais étranger à tout « paroissialisme » ombrageux, Paul Bertrand réservait à son ambiance naturelle les primeurs de son zèle, prêt à en dépenser le surplus pour des milieux plus déshérités, ou pour une action à plus large envergure.

Il y avait en lui, à côté du fils de famille qui aime son foyer, — la paroisse, c'est un foyer élargi —, il y avait un défricheur, presque un missionnaire, ému comme le Christ de l'ignorance et de l'égarement des masses, et avide de faire progresser la lumière.

Il n'eut d'ailleurs que le temps de s'essayer à ce genre de rayonnement. Visiblement ce n'était pas là l'œuvre maîtresse de sa vie. C'est bien dans les milieux intellectuels qu'il faudra chercher ses traces les plus marquées et les plus profondes.

Paul Bertrand fut de la génération qui mit en pièces, aux applaudissements d'une grande partie de la jeunesse scientifique, le placage orgueilleusement antireligieux dont on avait affublé la Science. Il fut de ceux qui réhabilitèrent chez les petits-fils des admirateurs de Renan, chez les fils des lecteurs assidus d'Anatole France, la foi et la pratique chrétiennes intégrales, que ces prophètes du laïcisme élégant ne croyaient certes pas si près de renaître.

Il crut à la résurrection possible de la France catholique, à condition d'y faire travailler des élites vivantes de la Vie du Christ, et n'ayant d'autres buts que les siens. Il crut à la sainteté possible des jeunes gens de vingt ans, et travailla sans relâches à la sienne, en liaison étroite avec une équipe d'âmes de sa trempe, décidées à ne pas rester en chemin.

C'est assez pour l'honneur de sa vie.

Pour l'encouragement de la nôtre, il faut encore que nous demandions à cette âme exquise ses plus intimes secrets, que nous pénétrions, en la prenant elle-même pour guide, jusqu'aux profondeurs cachées où s'élaboraient ses vertus, et où se forgeait, au feu divin de la grâce, cette volonté et cette constance dont nous avons admiré les œuvres.

CHAPITRE VI

LA VIE INTIME

La vraie valeur est au dedans. — Le cœur de Paul Bertrand. — Entre amis. — Correspondances spirituelles. — Les soirées du lundi. — Piété collective. — La spiritualité de Paul Bertrand. — Epreuves de cœur. — Fiançailles rompues. — Admirable soumission à la volonté de Dieu. — Heureux mariage. — Père de famille. — Affection brisée. — Maladie et opération. — Convalescence à Arbois. — Retour au foyer et à la vie normale. — Nouvelle crise subite, et mort.

De la vie de Paul Bertrand, tous les événements nous sont maintenant connus. Mais Paul Bertrand lui-même, nous ne le connaissons pas encore.

Des attitudes, si nobles soient-elles, des gestes, même expressifs, des paroles, même entraînantes, ce n'est pas cela qui fait la valeur d'un homme. Un acteur ferait souvent mieux. Et combien d'hommes ne voient dans la vie qu'un rôle à jouer !

Il faut aller plus loin pour porter un jugement qui mérite l'attention. Il faut atteindre, sous le vêtement des habitudes et du décor, l'homme véritable, et, pour savoir ce qu'il vaut, lui demander non ce qu'il fait ou ce qu'il dit, mais ce qu'il est.

S'il est sincère, nous le trouverons avec joie tel que semblaient le révéler ses actes, et nous n'aurons qu'à valider notre jugement provisoire. Sinon, nous saurons nous tenir sur nos gardes pour n'être pas dupes des apparences, et, s'il le faut, nous démasquerons le geai sous les plumes de paon.

D'ailleurs, à quoi bon, si l'on ne veut pas se contenter d'être un dilettante, faire émerger de l'histoire proche ou lointaine, des silhouettes gracieuses ou héroïques, qui garderaient jalousement le secret de leurs vertus et de leur beauté?

Des vertus et de la beauté, nous en avons trouvé chez Paul Bertrand, et beaucoup. Et qui ne désirerait qu'elles pussent lui survivre ?

Mais ceux qui voudraient lui ressembler, se contenteront-ils de singer ses allures, ou d'imiter ses œuvres ? S'ils n'ont pas son âme, ce ne sera qu'un camouflage de peu de durée. Et qu'importent après tout telles œuvres ou telles allures ? Chaque caractère a sa physionomie, chaque milieu et chaque époque ses exigences. Ce qui est essentiel, — et ce qui est plus imitable, — car les âmes se ressemblent plus que les conditions d'existence —, c'est l'élaboration intime, libre et volontaire, d'un équilibre psychologique humain, plus fort que tous les orages, et vainqueur de tous les désordres.

Nul, mieux que Paul Bertrand, n'a compris et pratiqué ce primat de la vie intérieure.

Il aimait à relire et à méditer ce que les moralistes ont écrit de meilleur sur ce sujet, même au nom de la pure sagesse humaine. Il portait sur lui, écrites en lignes serrées sur trois petites feuilles détachées d'un carnet de poche, quelques pensées de Maeterlinck, rangées sous ce titre : La sagesse et la destinée. Toutes traitent de la puissance que peut exercer la volonté humaine sur ce que l'antiquité appelait les forces aveugles du destin. en maintenant, en dépit de toutes les poussées matérielles, l'ordre spirituel intact.

« On devrait pouvoir dire, — ainsi parle Maeterlinck, et ainsi pensait Bertrand en le transcrivant —, qu'il n'arrive aux hommes que ce qu'ils veulent qu'il leur arrive. Nous n'avons, il est vrai, qu'une influence affaiblie sur un certain nombre d'événements extérieurs ; mais nous avons une action toute puissante sur ce que ces événements deviennent en nous-mêmes, c'est-à-dire sur la partie spirituelle qui est la partie lumineuse et immortelle de tout événement.

« Pour la plupart des hommes, c'est ce qui leur arrive qui assombrit ou éclaire leur vie ; mais la vie intérieure de ceux dont je parle éclaire seule tout ce qui leur arrive. »

Et encore ceci : « Le plus heureux des hommes est celui qui connaît le mieux son bonheur. Et celui qui le connaît le mieux est celui qui sait le plus profondément que le bonheur n'est séparé de la détresse que par une idée haute, infatigable, humaine et courageuse.

« Il n'y a de la tristesse à la joie que la différence d'une acceptation un peu plus souriante, un peu plus éclairée, à un asservissement hostile et assombri ».

Et cette fine réflexion qui pourrait servir d'exergue à toute la vie de Bertrand, tant elle paraît en résumer la délicate leçon :

« On dirait que le malheur et le bonheur se purifient avant de frapper à la porte du sage. »

Et cet appel à la lutte ascétique, qui rappelait à Paul les énergiques résolutions prises dans ses retraites :

« Tout être qui sait diminuer en lui la force aveugle de l'instinct diminue tout autour de lui la force du destin ».

Sans doute, aux souhaits et préceptes du moraliste sans foi, il ajoutait, lui, l'humble appel aux secours d'en haut, sans lesquels l'équilibre humain périclite toujours. Le 17 août 1919, avant de quitter la Villa Manrèse, de Clamart, où il s'était recueilli trois jours entre ses deux années de l'Ecole polytechnique, il résumait son plan de vie en quatre mots impératifs, qui se détachent en tête de ses notes spirituelles : « Vouloir, Servir, Prier, Souffrir », et grâce au troisième article du programme, il pouvait avoir confiance dans les trois autres, qui en effet ne sont pas restés lettre morte.

Il n'en est pas moins intéressant de constater avec quelle sympathie il saluait au passage les thèses d'une philosophie moderne où se réhabilitait, au moins en rêve, la première loi de l'ascétisme chrétien : l'indépendance spirituelle de l'homme à l'égard des servitudes sensibles ; d'une philosophie qui croyait à la vie intérieure, non comme à une succession d'états affectifs plus ou moins irresponsables, mais comme à une force capable de mettre de l'ordre dans le pêle-mêle apparent des désirs et des impressions, comme à une flamme assez lumineuse pour ne plus laisser dans notre destinée rien d'obscur, même la mort.

Force et flamme, c'était bien là le cœur de Paul Bertrand. Et c'est ce cœur dont il nous faut écouter les battements.

Bertrand nous est apparu comme un homme d'action. La guerre a révélé cette aptitude qu'il s'ignorait peut-être, lui qui n'avait guère agi jusque-là qu'intellectuellement. L'industrie et l'apostolat l'ont confirmée et développée encore, en sorte qu'on a pu dire autour de lui : « Il était fait pour commander ».

Or, ce genre d'éloge, dans certaines bouches, signale parfois plus de tête que de cœur, ou du moins dans le cœur, plus d'énergie que de sensibilité. Et l'on croit avoir peu à analyser dans une psychologie, où semble manquer l'élément souple et multiple, chatoyant et fugace, qui passionne les romanciers.

Non, Paul Bertrand ne fut pas, nous l'avons déjà

compris, de ces volontaires à l'œil dur, au cœur sec, ni de ces intellectuels abstraits, ayant toutes leurs vibrations dans le cerveau.

On a pu signaler « l'unanimité de sympathie que provoquait sa nature » (1).

Et c'était vrai de ses jeunes années, où, nous dit un témoin, « tous ses professeurs l'aimaient » (2).

Mais ce fut vrai aussi de la guerre, où tous ses soldats l'aimèrent, et se laissèrent extraordinairement « empoigner » par lui. Là pourtant il ne suffisait plus d'un beau talent joint à une aimable modestie ; il y fallait un autre prestige.

Et ce fut vrai encore parmi ses ouvriers, et parmi ses camarades, et parmi ses collègues, dont l'un a pu appeler sa mort « la perte la plus dure qu'il ait éprouvée, après la mort de son père ».

Et ce fut vrai dans des cœurs de jeunes filles auxquels, à trois reprises différentes, il crut pouvoir donner, lui si réservé et si chaste, quelque espérance de bonheur conjugal. Ces attachements qui, deux fois, pour des raisons douloureuses, durent être rompus, étaient si forts que ce furent pour lui de véritables agonies du cœur, où il mérita d'ailleurs l'amour idéalement délicat et chrétien que la Providence lui accorda ensuite, — pour deux ans seulement, hélas !

Paul Bertrand fut beaucoup aimé. On ne l'est pas à ce point, si l'on n'aime pas beaucoup soi-même. Et pourquoi a-t-il donc noté encore sur son carnet cette pensée de Maeterlink : « Voir sans aimer, c'est regarder dans les ténèbres » ? ou encore cette autre : « Aimez, et vous deviendrez sage ; devenez sage, et vous devrez aimer » ?

Pour la même raison qui, dans une conférence sur

---

(1) Lettre de C. P., 19 septembre 1925.
(2) *Ibid.*

« la faillite de la morale sans Dieu », lui faisait reprocher à cette morale de dessécher les cœurs, alors que « la base essentielle de la morale catholique » est le précepte de l'amour de Dieu et du prochain.

Amitié, amour, piété, apostolat, résignation, autant de formes que prit tour à tour ce don du cœur qui chez lui paraissait naturel, mais dont sa foi surtout lui avait fait un besoin. Il sut aimer avec sagesse, et être sage par amour, conciliant harmonieusement dans sa vie ce que le monde superficiel appelle des contradictoires, faute d'avoir accepté la formule évangélique de l'amour, où le : « Tu aimeras ton prochain comme toi-même », n'est que l'écho du : « Tu aimeras le Seigneur ton Dieu ».

Paul Bertrand, qui n'avait pas été appelé à la vie religieuse, mais ne se croyait pas pour cela interdit le chemin de la perfection chrétienne avait, dès son séjour à l'X, délibérément et passionnément livré à Dieu toute sa puissance d'aimer, prêt à n'en plus faire usage que pour son service et suivant son bon plaisir. Nous allons constater qu'un tel contrat, une si haute promesse, ne fut dans la réalité ni une parole en l'air, ni un chiffon de papier...

Paul arrivait à Lille, nous l'avons vu, en octobre 1920. Il n'y connaissait absolument personne. A part les ingénieurs qu'il rencontrait à l'Usine, et quelques jeunes gens dont il fit la connaissance au Groupe Le Play, mais qu'il ne voyait que de loin en loin, il n'eut guère de relations durant les premiers mois, et d'ailleurs n'en cherchait pas. Toute son attention se concentrait sur son apprentissage technique chez Kuhlmann.

Cette solitude du cœur allait pourtant devenir douloureuse, quand, en avril 1921, un réconfort providentiel lui fut envoyé dans la personne d'un camarade de l'X, nommé à Lille au chemin de fer du Nord.

Le jeune inspecteur était arrivé le lundi 3 avril. Le vendredi suivant, Paul accourt de Loos, pour se mettre à la poursuite d'Henri. Il le cherche en gare de Lille, sans succès. Il suit sa trace au restaurant où il s'est abonné ; toujours en vain. De guerre lasse, il laisse un mot à son adresse : « Je pars demain pour Bruxelles : peux-tu être là au train ? »

C'était le samedi 8 avril. Les deux amis se joignent enfin, le temps de se donner un plus long rendez-vous pour le lundi suivant. Ce soir-là, Paul emmène Henri dîner au Cercle militaire, auquel leur donnait accès leur qualité d'officiers de réserve. Dès lors une intimité commence, qui devait durer tout le temps de leur commun séjour à Lille, et les aider tous deux à doubler le cap de très déprimantes épreuves.

On se retrouvait chaque lundi soir au moins, à la même table ; parfois aussi le vendredi, dans un autre restaurant où il était plus facile de faire maigre. Et les propos joyeux ou graves alternaient, suivant qu'il y avait à dérider, à raffermir, ou à conseiller. Le repas fini, on sortait ensemble par les calmes boulevards qui font l'attrait de ce quartier, et l'on prolongeait les confidences en se reconduisant, à l'heure où, dans la sérénité du soir et dans l'ombre propice, les âmes se rapprochent et deviennent moins avares de leurs secrets.

Bientôt cette intimité se trouva non point troublée, mais élargie. Une nouvelle promotion de l'X envoyait à son tour un inspecteur à la gare de Lille, et il se trouvait que c'était encore un des habitués des conférences et des réunions religieuses de la rue Saint-Honoré. Cela ajoutait à la camaraderie d'Ecole une parenté d'âme trop proche pour que le nouveau venu ne fût pas tout de suite de tous les rendez-vous. Trois, c'était une association, ce n'était plus seulement l'éternel binôme. C'était aussi le rajeunissement du groupe. C'était un témoignage vivant du maintien des traditions catholiques dans la chère Ecole. C'était un stimulant à les continuer soi-même, et même à leur donner, en province comme à Paris, ce caractère de piété collective, de coopération religieuse, dont ils avaient tous gardé la nostalgie.

Sans doute, aucune distance n'avait pu rompre les liens fraternels noués entre ceux qui avaient ensemble en des après-midi mémorables de mercredis, prié, médité, commenté l'Evangile, et senti une même flamme de zèle et de ferveur les embraser tous. *Le Comité des Conférences X* gardait le contact avec ses anciens, et les lettres qui s'échangeaient entre ces jeunes gens parlaient, dans une langue très simple et très cordiale d'ailleurs, beaucoup plus du ciel que de la terre. Ils se confiaient leurs expériences religieuses, comme d'autres exposent leurs performances sportives. Un chapitre de l'Imitation ou un passage d'Evangile était la grande découverte de la semaine, et les pensées qu'ils avaient évoquées en eux prenaient bien plus d'importance que la chronique politique ou le cours de la livre.

« J'ai reçu la dernière lettre de L... (un de ses amis de Paris) (1), écrit Paul le 12 juillet 1921 à un ingénieur de la Sarre, et en réfléchissant au texte qu'il me citait, je me demandais si trop souvent mon âme ne ressemblait pas à ces endroits pierreux sur lesquels tombe la semence. J'entends la parole divine. Je fais des lectures qui réchauffent la piété. Mais le fond manque et ce n'est qu'un feu de paille que les préoccupations diverses, la convoitise, l'orgueil, le respect humain éteignent rapidement. En un mot, je manque de ferveur. Je ne veux pas t'écrire plus longuement aujourd'hui. Je prie de temps en temps pour ton inten-

---

(1) L..... était le correspondant ordinaire qui le maintenait en liaison avec les camarades du Comité des Conférences X.

tion particulière, et je te demanderai réciproquement de prier pour que ma foi soit plus grande et que la sécheresse de mon cœur disparaisse, et que les flammes d'amour dont le Sacré-Cœur de Notre-Seigneur brûle pour nous, communiquent un peu d'ardeur à mon amour de Dieu » (1).

Il ne se passe pas de mois sans qu'une ou plusieurs épîtres de ce genre ne traversent la France pour affirmer et maintenir l'unisson parfait. S'il y a quelque retard, on s'alarme et l'on s'excuse, car on connaît et on craint de part et d'autre la tyrannie opprimante de la vie matérielle, et l'on s'encourage à veiller jalousement sur la liberté des âmes, quel que soit le surmenage extérieur.

« On se laisse facilement aller à une coupable négligence, écrit Paul pour s'accuser d'un de ces ralentissements dans la correspondance (2). Et on se laisserait aussi facilement submerger par les occupations professionnelles. Aussi je crois qu'il faut prier pour demander avec plus d'instances que les camarades (je parle pour moi, mais suis-je le seul dans ce cas?) conservent après leur sortie de l'Ecole, quelles que soient les difficultés professionnelles ou sociales qu'ils rencontrent, une grande liberté d'esprit, se remettant plus parfaitement entre les mains de la Providence.

« On aurait tendance, par excès de scrupuleuse conscience, à faire peut-être plus qu'on ne doit dans le domaine des devoirs professionnels, ou, plus exactement, alors même qu'on semble avoir pris toutes dispositions pour assurer la bonne marche de ce qu'on dirige, on a parfois tendance à exagérer les ennuis que l'on rencontre, et à perdre le calme et la confiance en Dieu, qui doivent être, ce me semble, à la base de

____

(1) Lettre à D. M.
(2) Lettre à A. L., 26 avril 1923.

notre vie. Je crois en effet que c'est là pour nous « la recherche du royaume de Dieu et de sa justice, le reste devant nous être donné par surcroît. »

Un autre jour, — c'est aux environs de la Pentecôte 1923 —, sa plume évoque la méditation plus prolongée qu'il a faite à l'occasion de sa récollection mensuelle, sur le Saint-Esprit, et elle souligne la considération qui lui a paru topique : « Dans bien des cas, écrit-il (1), nous devons avoir tout spécialement recours au Saint-Esprit, nous surtout qui par notre formation intellectuelle et notre situation sociale, avons très particulièrement besoin de ses dons d'intelligence et de lumière. »

Les grands faits actuels de l'histoire nationale, dont il est, bien entendu, très loin de se désintéresser, prennent eux-mêmes facilement dans ses lettres le caractère de sujets de méditation, et le récit s'achève par un appel à la prière.

Après avoir déploré, au lendemain du 11 mai 1924, la substitution menaçante du Cartel des Gauches au Bloc National, et avoué « qu'on serait assez tenté, après d'aussi déplorables résultats, de douter de l'avenir de notre patrie, et de se laisser aller au découragement et à l'abattement » (2), il envisage froidement les pronostics des pessimistes — « au dehors une politique d'abandon avec toutes ses conséquences, à l'intérieur la politique désastreuse et les persécutions d'il y a vingt ans ». — et conclut, en relevant la tête vers le ciel :

« Le ténébreux avenir qui se présente à nous, ne nous autorise pas cependant à désespérer, et comme notre sainte patronne Jeanne d'Arc, dont on célébrait la fête il y a quinze jours, nous devons garder con-

___

(1) Lettre à A. L., 21 juin 1923.
(2) *Ibid.*

fiance : « *in spem contra spem* », disait Mgr Gibier dans son dernier panégyrique. Aux jours sombres de 1429 et de 1914 ont succédé des jours de gloire et de triomphe. Aux persécutions ont succédé des périodes de plein épanouissement religieux. Ces alternatives de misères et de succès, reflets de toute vie, nous font un devoir d'espérer quand même. » (1).

Et, en novembre suivant, toujours préoccupé de la question de savoir « quelle doit être notre action dans le mouvement national de défense catholique » qui déjà alors se déclenche largement, il se demande si l'on parviendra à coordonner toutes les bonnes volontés dispersées, mais il n'oublie pas le plus pressé : « Avant d'agir, il nous faut, je crois, plus que jamais, prier pour le salut de notre cher pays. Les horreurs de la guerre étaient des pages de gloire, tandis que les jours que nous vivons sont des journées d'inquiétude et d'angoisse... » (2).

Evidemment un jeune homme de vingt-cinq ans qui, lorsque l'Usine s'arrête, se met à sa table de travail dans sa chambre solitaire de garçon, pour envoyer à ses amis de semblables missives, risque peu de laisser s'attiédir son attachement au plus beau service de Dieu.

Paul rêvait cependant mieux encore, et il l'obtint.

A certains soirs de 1921, de 1922 ou de 1923, de quinze en quinze jours, trois jeunes gens se réunissaient après dîner, dans une chambre de la rue Solférino d'abord, puis un peu plus tard, Jean s'étant marié, dans un appartement plus vaste de la rue Jean-sans-Peur.

Le repas avait souvent été assaisonné de beaucoup d'humour et même de joyeuses taquineries, où Paul Bertrand excellait.

---

(1) Lettre à A. L., 21 juin 1923.
(2) Lettre à A. L., 11 novembre 1924.

« Il était extrêmement humoristique », nous disait il y a quelques mois, l'un des deux amis, qui lui-même d'ailleurs n'était pas moins doué de ce côté, « il savait saisir le sourire des choses. Il lançait flegmatiquement des phrases hilarantes, avec son accent traînant qui n'avait l'air de rien dire. »

« Il était très moqueur, nous attestait l'autre. Parfois dès le début du repas, il dirigeait ses attaques contre Henri et contre moi (car sur les absents je ne l'ai jamais entendu plaisanter). Et il ne tarissait pas jusqu'au dessert. C'étaient, du chimiste au cheminot, et réciproquement, des plaisanteries comme elles sont classiques entre toutes les corporations rivales : le chemin de fer égare mes produits chimiques, disait l'un ; les produits chimiques brûlent mes wagons, disait l'autre. Et ces passes d'armes animaient notre trio, sans qu'il y eût d'ailleurs rien de blessant pour personne : de péché de parole, je ne lui en ai jamais entendu commettre.

« J'ai remarqué pourtant, ajoutait le même témoin, que cette gaîté coïncidait avec des périodes où je le savais en proie à de grands déchirements intérieurs, les moments peut-être les plus critiques de son existence. J'ai eu l'impression que c'était pour donner le change. C'était presque de l'héroïsme. Je me le figurais très bien pendant la guerre : le type qui est d'autant plus gai que ça va plus mal. »

Un profane qui les eût observés alors superficiellement, eût peut-être souri en pensant à la soirée joyeuse et frivole qu'allaient sans doute s'accorder de jeunes amis à l'humeur si peu morose. Eût-il pu imaginer qu'une demi-heure plus tard, les trois humoristes, transformés en trois contemplatifs, après avoir ensemble renouvelé une consécration au Sacré-Cœur dont la formule leur était chère, ainsi qu'à plusieurs de leurs camarades dispersés, s'appliqueraient à mieux comprendre un chapitre d'Evangile, que chacun avait déjà ruminé de son côté et à mettre en commun ce que Dieu leur avait inspiré à ce sujet de pieux sentiments ou de généreux désirs, — comme ils faisaient ensemble dans les réunions plus vastes d'autrefois?

Or, à cette table de réfection spirituelle, comme à celle où tout à l'heure se réparait l'usure du travail journalier, le boute-en-train était toujours le même. C'était toujours Bertrand qui, dans un autre genre d'apostolat, — celui de la gaîté n'est pas toujours le moins bienfaisant —, servait aux âmes avides de Dieu le principal réconfort. Et ses amis s'étonnaient qu'au milieu d'une vie professionnelle si absorbante, si féconde en soucis, il eût le cœur assez libre et l'esprit assez prompt pour s'élever sans effort aux méditations d'un ascète, et aux conversations d'un religieux.

C'était d'ailleurs si personnel, si simple, et comme si naturel, cela sentait si peu le livre, ou la formule apprise, et c'était si surnaturel en même temps, que les deux confidents eussent volontiers avoué, comme les disciples d'Emmaüs, la douce et vivifiante émotion qui les pénétrait. Nul n'était pressé d'y mettre fin, si bien que Paul Bertrand manquait souvent le dernier tram qui pût le ramener à Loos, et l'un ou l'autre de ses amis le reconduisait à pied, en prolongeant à travers les rues silencieuses l'intime causerie.

Dès 1923, tous deux furent emmenés par leur carrière vers d'autres parages, et l'étrange club se trouva dissous. Mais trois ans après, l'un de ses anciens membres nous disait encore combien il avait regretté ces saints exercices :

« Je n'ai jamais pu retrouver ça depuis. Et c'est bien dommage, car on se faisait tant de bien l'un à l'autre. Je préférais même de beaucoup ces réunions à trois, à celles de l'X, où nous étions trente ou quarante (1). C'était tellement plus intime et plus personnel !... J'avoue que la privation de ces soirées-là a marqué une baisse sensible dans mon niveau de vie spirituelle. Bertrand me faisait énormément de bien ».

Dès qu'eut été créée cette cellule de vie intérieure, la correspondance spirituelle de Paul prit un autre style. Les pensées religieuses qui s'y expriment n'y sont plus données comme siennes, mais comme celles du groupe, car c'est au groupe, et non plus à lui seul, que parvenaient les lettres des amis (2).

« A la suite de notre réunion de ce soir, écrit Paul le 11 octobre 1921 — ceci fut sans doute hâtivement rédigé avant de se séparer — nous venons t'accuser réception de ta dernière lettre reçue il y a quelques jours et te faire part des réflexions essentielles qu'elle nous a suggérées... Il est certain que tous nous sentons le besoin de parfaire notre instruction religieuse et sociale, et trop souvent nous la poursuivons sans méthode. L'occasion qui se présente pour nous de lire tel ou tel livre est souvent le seul guide de nos lectures. Aussi le programme d'ouvrages utiles qui nous est annoncé dans ta dernière lettre sera accueilli avec grande joie par nous tous. »

Et sans doute, ce jour-là, la résolution emportée de

----

(1) Les réunions de Paris atteignirent par la suite des effectifs doubles de ceux-là.

(2) Des « cellules » pareilles existaient en effet ailleurs. Deux mois avant de fonder la sienne, Paul félicite un ami de l'avoir précédé dans cette œuvre. « C'est là, écrit-il, un remarquable apostolat. Pour moi, je ne suis malheureusement pas à ton niveau spirituel ; je me contente d'assister à des réunions de cercle d'étude, et je fais surtout un apostolat d'exemple. Ce n'est pas assez, je le sais, mais ma vie intérieure n'est pas suffisante pour amener les réalisations fécondes que tu fais, et mon égoïsme est encore, avec mon orgueil, trop souvent à la base de mes actes, même les plus désintéressés. — ou tout au moins qui semblent tels ».

la méditation collective avait-elle été de se montrer plus difficile, — plus gourmet —, en fait de nourriture intellectuelle, et d'y apporter le choix intelligent qui est bien l'A B C d'une bonne hygiène spirituelle.

Or, pas plus que les autres, cette résolution ne demeura, pour Bertrand, dans le domaine des bonnes intentions, car plus d'une fois ses visiteurs furent frappés de ce que contenait sa bibliothèque de jeune homme.

Il était très amateur de livres, très curieux de toutes les investigations sincères sur la route du vrai, et nullement dédaigneux des aspirations vers le beau. Mais le bluff frivole ou mondain, les succès du jour ne furent jamais pour lui une réclame, ni une tentation. Il était capable de joies plus profondes. Quand il allait faire sa petite tournée à la librairie G..., tant par sympathie pour le distingué chartiste, et l'admirable père de famille qui tenait cette maison, que par convoitise littéraire, ce qu'il en rapportait pesait plus lourd de pensée que de papier, et les vrais chefs-d'œuvre de l'heure, — il en est malgré tout quelques-uns —, venaient rejoindre sur ses rayons les grands classiques qu'il recommençait, ou peut-être commençait, à savourer, et les grands oubliés de l'âge précédent, comme de Mun ou Brunetière, que la jeunesse d'aujourd'hui ignore, sans doute parce qu'ils furent la passion de la jeunesse d'hier.

Un an après la réunion d'octobre 1921, où la question des lectures avait été à l'ordre du jour, Paul écrivait : « J'ai terminé ces derniers jours la *Vie du Père Lenoir*, vraiment très intéressante. La Vie du Père de Foucauld, la Vie du Père Lenoir, et dans un autre ordre d'idées, mais toujours très élevé, la Vie de Pasteur, de Vallery-Radot, ce sont trois ouvrages qu'il faudrait trouver le temps de lire » (1).

----

(1) Lettre à D. M., 8 octobre 1922.

Un peu plus tard, il annonçait au même ami ıa découverte qu'il venait de faire de *La Documentation catholique*, et le profit qu'il en retirait. « Je viens de m'y abonner. C'est absolument remarquable au point de vue social et religieux. Je te conseille vivement cette revue, qui paraît toutes les semaines, et permet de se tenir au courant de toutes les questions intéressantes. » Et la lettre suivante appliquait la même épithète « absolument remarquable » au petit livre du P. Gabriel Palau, *Le Catholique d'action*.

Un autre fruit pratique des réunions en chambre fut de leur adjoindre parfois des réunions à l'église, et l'habitude se prit chez ces jeunes gens de se donner rendez-vous à des cérémonies religieuses du soir, outre celles du dimanche qu'ils fréquentaient aussi volontiers ensemble. Ce devint un usage hebdomadaire, qui pendant le Carême faisait d'eux des auditeurs réguliers des prédications de l'église Saint-Maurice. Ils y écoutèrent assidûment et apprécièrent beaucoup en 1923 — du moins Paul et Henri qui étaient encore à Lille — la station de M. l'abbé Thellier de Poncheville.

Telles étaient les « attractions » lilloises pour ces ingénieurs de vingt-six ans. Et comment en eût-il été autrement, quand leurs pensées habituelles se maintenaient au-dessus du tapage mondain, à la hauteur que révèlent leurs lettres.

« La lecture du chapître de l'Imitation et la méditation de son texte, écrit encore Paul à l'issue d'une de leurs entrevues, nous ont donné l'occasion de commenter cette parole de Notre-Seigneur : Celui qui m'aime, qu'il prenne sa croix et qu'il me suive. Toutes les épreuves qui nous assaillent nous donnent chaque jour l'occasion de suivre ce précepte. Il est certain que nous retrouvons dans ce texte tous les conseils évangéliques et par suite tout l'esprit de nos promesses : détachement des biens de ce monde, nécessité de la vie intérieure et de la retraite, tout s'y trouve concentré » (1).

Parfois, c'est sur des feuilles volantes, couvertes d'un griffonnage au crayon, que nous retrouvons les conclusions de la méditation, solitaire ou collective. Elles seraient sans doute bien plus nombreuses, si aux approches de la mort, Paul n'avait fait brûler beaucoup de ses papiers. Heureusement les lettres qu'il avait écrites étaient hors d'atteinte, et elles nous suffisent.

La feuille qui a été épargnée est une méditation très simple, mais qui dut être très actuelle dans une période de souffrances morales plus vives. Elle a pour sujet les paroles de Jésus durant sa Passion.

Paul procède comme pendant ses retraites, en notant d'abord les textes frappants de l'Evangile, — certaines pages de ses carnets de retraites ne contiennent pas autre chose —, puis son propre commentaire. Rarement d'ailleurs il est aussi développé qu'ici :

« Priez, de peur que vous n'entriez en tentation.

« Mon Père, si vous le voulez, éloignez ce calice de moi : cependant que votre volonté soit faite et non la mienne.

« Pourquoi dormez-vous ? levez-vous et priez.

« Judas, c'est par un baiser que tu trahis le fils de l'homme ?

« Reniement de saint Pierre.

« Lâcheté de Pilate.

« Filles de Jérusalem, ne pleurez pas sur moi, mais pleurez sur vous-mêmes et sur vos enfants.

« Mon Père, pardonnez-leur, car ils ne savent ce qu'ils font ».

Voilà le thème : des paroles divines, reflétant de profondes émotions humaines, celles du Cœur de Jé-

---

(1) Lettre à A. L., 11 octobre 1921.

sus. Ces émotions sont les nôtres. Apprenons donc à faire nôtres ces paroles.

La prière du Jardin des Oliviers lui paraît applicable à de multiples circonstances de notre vie, car le calice se représente souvent.

« La seule difficulté sera parfois de découvrir nettement la volonté de Dieu. Prions donc pour que cette volonté nous soit clairement manifestée et demandons à Dieu de nous éclairer et de nous guider. Nous pourrons alors retrouver cette paix qu'il a promise aux hommes de bonne volonté. » Car, pour ce qui est de surmonter toute épreuve et vaincre toute tentation, la grâce ne nous manquera jamais.

Mais de ces considérations abstraites, il s'élève bientôt à une affectueuse contemplation du grand Modèle de nos attitudes et de nos sentiments. Il pénètre dans ce Cœur qui a connu toutes les souffrances morales, après avoir prodigué toutes les tendresses : trahi, renié, — et par des intimes —, honni par la foule, lâché par tout le monde. Il mesure l'acuité des tortures physiques du crucifié, et la beauté de la parole de pardon, la seule plainte qu'elles puissent lui arracher. Et il s'encourage à pardonner ainsi toute injustice, puisque le Pater nous le fait promettre chaque jour ; mais aussi à éclairer l'ignorance de ceux « qui ne savent pas ce qu'ils font » afin de diminuer le nombre des bourreaux de Jésus.

Enfin, écœuré par ceux qui se lavent les mains au lieu de juger, il s'excite à jeter par-dessus bord tout respect humain, toute crainte de se compromettre et de s'affirmer, et ce soi-disant respect de la liberté des autres, — il faudrait dire cette indifférence de leurs intérêts primordiaux, — qui paralyse tout apostolat.

Cette page, où il n'y a ni recherche d'idées neuves, ni prétention de style, a le mérite de caractériser assez bien ce que j'appellerais volontiers la spiritualité de Paul Bertrand.

On y trouve la recherche anxieuse de la volonté de
Dieu, une affection ardente pour la Personne de Notre-
Seigneur, dont les paroles font vraiment loi, et s'emparent sans résistance de toutes les puissances de
l'âme, la passion de vaincre toute anarchie intérieure,
et de maintenir au-dedans la paix et la confiance,
même aux heures noires, la maîtrise de la langue, et
la vigilance sur toute plainte, et même toute confidence qui y ressemblerait ; enfin l'élan apostolique,
qui ne saurait être absent que d'une âme où la foi et
la charité ont cessé de vivre.

A ces traits dominants, n'est-il pas aisé de reconnaître une spiritualité bien connue dans l'Eglise, celle
qu'un des amis de Paul appelait par son nom, en sa
présence, et en présence de deux cent cinquante camarades venus des quatre coins de la France, lors d'une
récollection de polytechniciens qui se tint à Paris le
21 décembre 1924, et où il disait :

« Il suffit d'ouvrir notre règlement de vie spirituelle
pour constater que l'esprit ignatien l'inspire tout entier. Certes il y a eu des Saints dans l'Eglise avant saint
Ignace, mais il semble que celui-ci ait en quelque
sorte taylorisé la poursuite de la perfection, en la mettant plus à la portée de l'homme moyen. « Veillez et
priez » a dit Jésus, et Ignace trace un programme pratique où l'âme est appelée périodiquement à rentrer
en elle-même pour se contrôler, afin de se tourner ensuite plus libre et plus généreuse vers Dieu » (1).

Ils le connaissaient bien, ce programme pratique,
tous ces jeunes hommes qui, se reportant à douze ans
en arrière, mesuraient avec une humble fierté tout le
chemin parcouru, et savaient que l'élan merveilleux
qu'ils constataient, venait tout droit des Exercices de

____

(1) Rapport présenté par A. L... sur la vie intérieure chez
les X.

saint Ignace, consciencieusement, j'allais dire scientifiquement pratiqués (1).

Ils n'en avaient pas pris seulement quelque vague teinture, comme s'ils s'étaient prêtés par complaisance à une formalité sans conséquences. Mais le problème qui s'y pose leur avait paru digne d'intérêt, et ils avaient voulu comprendre à fond comment l'homme de foi peut arriver à se vaincre, et à ordonner toute sa vie, non d'après ses propres caprices, mais d'après le plan de Dieu sur lui. Et comme dans cet ordre d'idées, la science abstraite n'est rien, la réalisation est tout, ils avaient poursuivi, la retraite terminée, la solution complète du problème, à travers la complexité et la variabilité des données humaines, sachant qu'ils en avaient pour la vie entière.

C'était un travail professionnel nouveau qui s'était imposé à eux. Comme dans l'autre, ils voulaient y passer maîtres, avec l'aide de Dieu.

*
* *

Ce genre de travail, qui d'une volonté frondeuse et insoumise, veut faire une servante dévouée de la Vo-

---

(1) Voir plus haut, chapitre III. Le premier annaliste des « Grandes Ecoles au temps pascal », M. l'abbé Chalbos, vicaire à Saint-Etienne-du-Mont, signalait déjà comme évidente cette origine de tout le mouvement religieux dans ces Ecoles. « Après ces statistiques, concluait-il, où vraiment les chiffres sont d'une éloquence surprenante, il faut bien reconnaître que les moyens ordinaires d'influence étaient impuissants pour de tels résultats. Ces derniers ne sont explicables que par le don divin d'un large flot de grâces singulièrement abondantes qui se transmettent dans ces âmes d'élite de camarade à camarade. Et leur apostolat a trouvé sa source aux Exercices spirituels de saint Ignace de Loyola. » (Article déjà cité, paru dans la *Semaine religieuse* de Paris, 26 avril 1924.)

lonté divine, ne procède efficacement que par la répétition des actes d'humilité et d'aquiescement.

Il faut donc des occasions, des conflits de tendances, plus ou moins violents, où l'homme de chair et d'orgueil apprenne à courber le front devant l'autorité souveraine, qui doit lui apparaître de plus en plus comme l'autorité paternelle.

Ces conflits ne manquèrent pas dans la vie de Paul Bertrand, malgré sa passion constante de la ligne droite, et sa fidélité splendide aux appels de la grâce. Dieu ne peut pas priver ses meilleurs fils de ce tout-puissant moyen de sanctification.

L'épreuve douloureuse entre toutes, on l'a déjà deviné, vint pour lui du côté où sa chasteté exemplaire semblait devoir le rendre moins vulnérable. Ce fut une double crise d'amour, allant jusqu'aux espoirs les plus enchanteurs, et brusquement dénouée par une rupture qui lui brisa l'âme.

Fait divers, ou aventure banale pour bien d'autres, dans la vie desquels l'amour n'est que passe-temps ou gloriole, ces événements ont atteint ici à une telle profondeur de sentiment, et en même temps révélé une telle hauteur d'idéal, que nous ne pouvons les taire, malgré la discrétion qui s'impose à nous, et dont nous ne nous départirons pas.

Sorti de l'Ecole polytechnique à vingt-cinq ans, et dès lors lancé dans une entreprise qui assurait son avenir, Paul considérait comme un devoir de penser à son futur foyer.

Il se croyait délibérément la vocation du mariage, mais était loin de penser qu'un jeune homme chrétien pût procéder en cette matière avec la légèreté dont sont coutumiers les mondains. Ses ambitions étaient hautes, non pour la fortune, mais pour la valeur. Il voulait avant tout un foyer chrétien, un foyer uni, un foyer fécond, et il comptait sur la Providence pour y faire descendre la part de bonheur que mériterait la droiture de ses intentions.

A un ami, fiancé depuis peu, il adresse ses félicitations d'avoir « trouvé la jeune fille simple, pieuse et dévouée, qui saura être pour lui la compagne douce et forte des bons et des mauvais jours... Les jeunes gens isolés et déracinés comme nous, ajoute-t-il, peuvent bien comprendre tout le bonheur de fonder un foyer et de pouvoir vivre la vie de famille...

« Ta fiancée et toi, vous vous êtes mis sous la protection de Notre-Dame de Lourdes et sous celle de son divin Fils ; ce sont là les meilleurs auxiliaires, et les plus puissants appuis que vous puissiez avoir pour vos projets actuels et pour toute votre vie.

« Pour moi, quelques sollicitations sont venues me relancer dans ma tour d'ivoire. J'y ai répondu sans grand empressement. Méfiant comme un fantassin, j'ai peur de m'engager dans des sentiers qui ne soient pas la bonne voie, et j'ai confiance dans la divine Providence pour m'orienter lorsque le moment sera venu » (1).

En écrivant au même, il appelle un foyer chrétien, « la plus belle récompense que Dieu puisse donner sur cette terre à ceux qui l'aiment » (2), et à la veille du mariage, il lui dit : « Je me réjouis avec toi de voir que ton foyer va être prochainement fondé. Il est consolant de penser que c'est en grande partie par le rayonnement et la fécondité des foyers chrétiens que nous pouvons faire le meilleur et le plus heureux apostolat. Cet apostolat n'exige pas des démarches pénibles, des efforts de dialectique. Il rentre dans ce grand apostolat par l'exemple qui, à mon avis, est de beaucoup le plus efficace, même lorsque, en apparence, il

---

(1) Lettre à D. M., 4 novembre 1921.
(2) *Ibid.*

ne semble pas avoir produit un résultat immédiat » (1).

Ce foyer chrétien, comme il le désire à certaines heures !

« Et toi, où en es-tu. Que fais-tu ? Que deviens-tu ? écrit-il à l'un de ses intimes de Lille, qui vient d'être promu ailleurs. Lorsque tu disposeras de quelques loisirs, un petit mot me ferait plaisir, et je veux espérer que bientôt tu verras poindre à l'horizon la fin de l'isolement et de la solitude qui nous accablent. « Væ soli. » Les caractères dans de telles conditions perdent souvent leur humeur égale. Quoi qu'il en coûte, il faut réagir et conserver malgré tout une saine et confiante gaîté, établie sur les bases solides de la charité » (2).

C'était l'écho de bien des causeries nocturnes d'antan, le long des trottoirs de Lille, lorsque Paul, oubliant ses propres déceptions, se faisait le consolateur d'autres épreuves du même genre dont il connaissait l'âpreté.

« Lui-même, nous disait un de ceux qui lui devaient le plus, avait vu s'évanouir de chères espérances. Il en souffrait beaucoup. Il en était parfois accablé. Il se sentait alors extrêmement seul... Je me trouvais en ce temps-là dans les mêmes conditions que lui, et parfois je me déballais fort. Nous étions comme deux âmes qui se réfugient l'une près de l'autre pour s'aider à porter leur fardeau. Il m'a beaucoup réconforté... Il avait constamment à la bouche deux mots qui lui servaient de devise : patience et confiance ! Il me montrait dans nos malheurs le doigt de la Providence et me répétait : Tu verras plus tard. Cette jeune fille n'était pas faite pour toi !...

« Il parlait d'ailleurs très peu de lui, ne laissant

---

(1) Lettre à D. M., 17 février 1922.
(2) Lettre à H. de W., 23 mars 1923.

presque rien transparaître de son martyre intérieur. Nul n'avait plus que moi sans doute ses confidences ; et je les avais au compte-gouttes. C'est à peine si l'on pouvait sentir ce qu'il souffrait. »

Deux fois en effet Paul, non seulement eut des espérances matrimoniales, mais fut effectivement fiancé. Il n'en fit jamais mystère, et, avec sa magnifique et inviolable franchise, ce fut la première chose qu'il déclara à celui qui devait devenir son beau-père, lorsque de nouveaux préliminaires s'engagèrent de ce côté.

Ce double drame remplit deux années de la vie de Paul, sans que rien en souffrît d'ailleurs, ni du côté de la profession, ni du côté de l'apostolat. Ce furent les années 1921 et 1922.

Chacune des deux crises eut son genre d'amertume. Dans l'âme de Paul l'énergie chrétienne fut pareille.

Les premières espérances avaient brillé vers la fin de 1920, peu après la sortie de l'Ecole. Tout paraissant propice, l'engagement n'avait pas tardé. Mais presque aussitôt des nuages montèrent, des doutes surgirent, qui posèrent un angoissant cas de conscience. Paul connut l'anxiété, — pour lui la pire de toutes —, de ne pas savoir où était son devoir.

Il cherche dans les ténèbres une lueur de la volonté de Dieu. Il prie, et demande instamment des prières à ses amis, non pas pour obtenir à tout prix le bonheur entrevu, mais pour connaître les intentions de la Providence, et avoir le courage de les réaliser. En même temps, il demande conseil, et s'en remet à un jugement impartial et désintéressé, qui sera pour lui le verdict divin :

« Après avoir soumis, écrit-il lui-même, mon état d'âme et le cas de conscience qui me préoccupait, à l'avis de quelqu'un qui pouvait m'éclairer sans emballement et après mûre réflexion, le conseil que j'ai reçu brise les espérances que j'avais formées » (1).

Ce conseil lui parut venir du ciel. Dès lors, dans la certitude de son devoir, il n'hésita plus, quoi qu'il en dût résulter. La mort dans l'âme, il rompit.

C'est à cette occasion qu'un de ses amis disait de lui plus tard :

« Il n'écoutait que son devoir, dût-il marcher sur son cœur » (2).

Et un ancien camarade du lycée Janson de Sailly ajoutait : « J'ai connu ses efforts pour fonder un foyer chrétien, et c'est alors que j'ai entrevu la beauté de sa grande âme toujours inclinée vers la volonté du Seigneur dans la paix du « Fiat » (3).

Et voici le « fiat », dans toute sa rigueur d'abord, dans toute sa beauté ensuite :

« Comme on voit une fois de plus que le bonheur n'est pas de ce monde. J'allais en douter, et je me sens rappelé à la réalité. Prie encore pour moi, mais surtout pour elle...

« Vraiment on aurait pu croire que le chapitre de l'Imitation que nous nous étions promis de méditer hier avait été choisi pour moi. Qu'importe certes l'opinion du monde, pourvu que la volonté de Dieu s'accomplisse pour notre plus grand bien. Mais quel doute affreux ! je me demande encore si je n'ai pas commis la plus criante des injustices, et si j'avais vraiment le droit de sacrifier celle à laquelle j'avais donné des engagements si sincères. Et d'autant plus que dans tout cela, tout le monde semble de bonne foi... Quelle terrible épreuve ! Perdre une affection n'est rien, mais la savoir remplacée par le mépris,

------

(1) Lettre à A. L., 13 janvier 1921.
(2) Lettre de D. M., 9 août 1925.
(3) Lettre de C. P., 1er septembre 1925.

c'est dur. Et je suis certain que l'amitié de Z... s'est changée en mépris, ainsi que l'affection sincère que ma fiancée ressentait pour moi. J'ai souffert, et actuellement encore je souffre, et quoi qu'il arrive, la crainte d'avoir commis une telle injustice viendra longtemps encore empoisonner mon existence. D'ailleurs, j'ai été certainement coupable dans tout cela, car j'ai agi peut-être bien légèrement dans une circonstance aussi grave (au moment de l'engagement). Mais je paie maintenant lourdement les erreurs que j'ai ainsi commises. Je sais que pour les intéressés, je suis considéré comme ayant rompu un engagement d'honneur, et je me croyais intangible sur ce point. Pourquoi faut-il, dans de telles circonstances, n'avoir pas la conscience nette de ce qu'on doit faire !...

« Seules la prière et la méditation peuvent nous soulager dans une telle épreuve. Prie encore pour moi, prie surtout pour elle, car l'un et l'autre nous en avons bien besoin » (1).

Un mois après, la tempête diminue de violence, la paix de Dieu a repris pleine possession de l'âme si âprement tiraillée :

« Grâce à Dieu et aux bonnes prières qu'on a dites pour moi, je crois que le cap dangereux a été doublé, et que maintenant il n'y a plus qu'à laisser le temps effacer le souvenir et cautériser la plaie...

« Je ne discute plus devant le fait accompli. Je crois avoir obéi à la volonté divine, et je ne puis que m'incliner et unir les souffrances morales que j'ai dû supporter à celles que Notre-Seigneur a endurées pour nous.

« Comme je n'ai jamais eu l'esprit de sacrifice et de pénitence très développé, j'ai eu là une occasion de vi-

---

(1) Lettre à A. L., 14 février 1921.

vre un peu l'une de nos résolutions (1). D'ailleurs la lecture de la Passion que nous avons faite dimanche, nous donne toute la règle de conduite à suivre dans l'épreuve. C'est l'exemple de Notre-Seigneur : « Mon Père, s'il se peut, faites que ce calice s'éloigne de moi, mais que votre volonté soit faite et non la mienne ». Et je crois comme toi que, une fois qu'on a établi sa ligne de conduite en croyant agir en conformité avec la volonté divine, il n'y a plus à discuter ni à peser, mais simplement à prier, à demander à Dieu de nous éclairer et de nous donner la force d'accomplir sa volonté, quoi qu'il en puisse coûter » (2).

Dieu lui donna d'abord la force d'accepter l'épreuve dans toute son acuité crucifiante. Puis il y ajouta paternellement quelques consolations inattendues.

A la blessure du cœur, il offrit le baume d'une amitié très douce, celle dont nous avons raconté les débuts en gare de Lille, et qui rapprochait deux âmes si dignes l'une de l'autre.

Au froissement d'amour-propre durement ressenti, il apporta comme remède une distinction honorifique, à laquelle un officier n'est jamais insensible. Le 3 mars, *l'Officiel* publiait la nomination du lieutenant de réserve Paul Bertrand au titre de chevalier de la Légion d'honneur.

« C'est peut-être, dit alors Paul à un ami, pour symboliser cette plaie que je porte au cœur que ce ruban rouge est venu orner ma boutonnière » (3).

Il avoua qu'il n'y comptait plus, et que depuis longtemps il croyait les propositions classées. Et il se reprocha presque la satisfaction qu'il en éprouva :

---

(1) Cette résolution est la suivante : « Pratique du petit sacrifice joyeux quotidien » (voir plus haut. p. 71, note 2).
(2) Lettre à D. M., 15 mars 1921.
(3) *Ibid.*

« Pourquoi cette promotion m'a-t-elle causé tant de plaisir ? Pourtant je n'en suis ni meilleur, ni plus mauvais qu'avant. Je n'en ai fait ni plus ni moins que tant d'autres. J'ai peut-être seulement eu un peu plus de chance. Et malgré tout je suis heureux et fier de cette distinction... C'est effrayant de voir comme je suis faible et combien, — je crois te l'avoir déjà dit —, l'orgueil a de prise sur moi. »

Il se vengea de l'orgueil. Ses amis se souviennent qu'il porta toujours un ruban si mince, et si peu voyant, qu'il fallait une réelle attention pour le remarquer.

A la fin de 1921, Paul put croire que la Providence lui ménageait la consolation dont il avait surtout besoin : un amour réparateur.

C'était un nouveau Calvaire qu'il allait gravir, plus cruel que le premier.

Il revit vers cette époque un de ses anciens collègues du 120e Régiment d'artillerie lourde, avec lequel il était resté lié. Et il crut trouver en sa sœur la femme qu'il rêvait. Aucune des vertus, aucune des qualités sérieuses ou aimables, qui devaient fixer son choix, ne paraissait manquer à la jeune fille et le milieu était conquis d'avance. Comment douter qu'il n'y eût là une occasion providentielle ?

Paul qui ne voulait attendre que de la main de Dieu ce qu'il appelait « la plus belle récompense que Dieu puisse donner sur terre à ceux qui l'aiment », voit avec une immense gratitude se déployer devant lui l'avenir à la fois le plus attrayant, et le plus clairement béni du ciel. En mars, il est fiancé. Le mariage est fixé au 14 juin. C'est la joie parfaite.

Mais au début de juin, la santé de la jeune fille inspire tout à coup des inquiétudes, que rien ne faisait prévoir. On décide de retarder le mariage d'un mois, mais le mois passe sans amélioration. On pense alors à septembre. Septembre arrive, et rien n'est changé : un état de langueur qui désespère les médecins, et a de quoi désespérer bien plus encore le pauvre fiancé.

Il relit peut-être, — à moins qu'il ne l'ait découverte et transcrite à ce moment, — cette courte pensée de Maeterlinck : « Il y a pour le sage, de la douleur au désespoir, un long chemin que la sagesse n'a jamais parcouru. »

Lui qui cultive depuis longtemps la sagesse, celle qui vient de Dieu, — et y en a-t-il une autre ? — sait qu'elle interdit le désespoir, parce que plus haut que tout amour fragile, elle enseigne et procure un amour immortel. Il sait aussi qu'elle ne supprime pas la douleur, puisqu'elle est elle-même un fruit du sacrifice et qu'elle ne mûrit guère sur les terres où il fait trop bon vivre.

Il avoue pourtant que l'horizon est bien noir :

« Comme conséquence de cette attente, écrit-il le 8 septembre 1922, j'ai évidemment par moments assez mauvais moral. Mais je m'efforce malgré cela de ne pas me rendre trop insupportable. C'est quelquefois assez difficile... J'espère encore que ma fiancée sera suffisamment rétablie pour que notre mariage puisse avoir lieu avant la fin de l'année. Mais l'avenir n'est pas toujours conforme à nos désirs, et au fond comme nous ignorons où est notre véritable intérêt bien compris, il vaut mieux que nous ne puissions pas diriger l'avenir suivant nos désirs du présent... Je te demanderai, mon cher ami, une pensée spéciale à cette intention dans tes prières » (1).

Il espère encore. En tout cas il attend. Combien de temps faudra-t-il attendre ? Dieu le sait, et cela suffit. C'est avant tout le bon plaisir de Dieu qu'il attend,

---

(1) Lettre à D. M., 8 septembre 1922.

car des deux passions qui le possèdent, la plus forte, c'est celle-là.

« J'attends toujours, écrit-il le 4 décembre, — le septième mois de la maladie, le cinquième depuis leur dernière entrevue —, le retour à la santé de ma chère fiancée et seul l'espoir de voir bientôt la fin de cette épreuve la rend aisément supportable. La semaine dernière on m'avait même fait craindre, qu'en raison des conséquences que pourrait avoir dans l'avenir la réalisation de mes projets, je dusse songer à une rupture ; c'était pour moi la douleur la plus cruelle que j'aie jamais eu à supporter. Tu te figures aisément quel fut mon état. Renseignements pris, je crois que les craintes sont excessives. Je te confie cela pour que tu pries un peu à mes intentions » (1).

Bientôt les pronostics devinrent encore plus sombres. Paul rassembla tout son courage et s'en alla demander au médecin une réponse absolument sincère, qui lui fît connaître son devoir. « Rien à espérer, dit nettement celui-ci. Si vous êtes fiancé, il faut rompre. »

La science humaine avait parlé. Fallait-il encore attendre un miracle ?...

Le 31 décembre, il écrit : « En ce qui me concerne, le communiqué est celui que trop souvent nous avons lu pendant la guerre : Situation inchangée. Je crois t'avoir dit dans ma dernière lettre que j'avais reçu le conseil de renoncer au projet dans lequel je croyais voir se réaliser tous les desseins de la Providence. L'idée d'abandonner ma chère fiancée ne peut être retenue par moi sans une lutte cruelle. Mais d'autre part, en dehors et au-dessus de mon affection personnelle, au-dessus de l'intérêt de ma fiancée, ne dois-je pas songer à nos futurs enfants ? Nouveau et doulou-

____

(1) Lettre à D. M., 4 décembre 1922.

reux cas de conscience. Quel que soit le « fiat » qu'il faille dire, je suis résolu à le prononcer, avec résignation, sans amertume. La lutte, si dure qu'elle ait été dans mon âme, est maintenant apaisée. Mais où est la volonté de Dieu ?... Je te parle, mon cher ami, à cœur ouvert, car tu es celui auquel j'ai toujours dit tout ce que je pense. Je sais que tu me comprendras, et tandis qu'ici je m'efforce de laisser ignorer tout ce drame intime, me retranchant derrière ma jovialité naturelle et mes occupations professionnelles, je veux te confier très franchement mes angoisses. A l'heure actuelle, j'attends et ne sais quelle décision je dois prendre. Comme dérivatif, j'ai heureusement un travail considérable et n'ai guère le temps de rêver au cours de mes journées » (1).

Il se voyait acculé à une décision qui ravivait de très amers souvenirs. Fallait-il encore reprendre une parole, risquer d'être encore soupçonné d'inconstance ou de forfaiture ? Même quand l'amour se fut soumis à l'inéluctable, l'honneur se raidissait encore.

Paul s'en fut chez le père de sa fiancée, et s'ouvrit à lui avec l'abandon d'un fils. C'est de lui qu'il voulait connaître la volonté divine, prêt à l'accomplir à tout prix. Paternellement accueilli, il trouva chez son conseiller toute la délicatesse de sentiments que méritaient sa confiance et son malheur. Et s'il passa bien tristement alors ce seuil qui l'avait vu tant de fois si allègre, du moins put-il loyalement se dire qu'il partait de cette maison comme il y était venu, avec la conscience limpide et l'honneur intact.

Il revint à Lille, l'âme en paix, mais le cœur déchiré ; et jamais la solitude ne lui parut si pesante. A celui-là même qui a le plus admiré ce qu'il appelait « la trempe de son armure », et qui disait volontiers

____

(1) Lettre à D. M.. 31 décembre 1923.

de lui : « Bertrand, il était toujours d'attaque. On lui aurait annoncé n'importe quel cataclysme, fût-ce dans ses sentiments les plus intimes, il n'aurait pas bronché » ; à cet ami, Paul ne put s'empêcher d'avouer en cette fin de décembre :

« Je termine l'année dans des conditions épouvantables » (1).

La Providence jugea enfin que l'épreuve avait été suffisante pour révéler la valeur profonde de cette âme. Aucune douleur n'avait pu entamer le loyalisme qu'il avait juré à Dieu. Il était à espérer désormais que le bonheur même, souvent plus dangereux ici-bas que la croix, n'y porterait pas atteinte.

Et le bonheur, comme un ange du ciel, s'approcha de lui pour le réconforter et le servir.

Paul n'avait nul souci des poses romantiques, ou des outrances romanesques. Il admettait que Dieu pût commander à son cœur, soit de se donner, soit de se reprendre. Et il croyait que le cœur, comme tout le reste de l'homme, doit obéissance à Dieu.

Le cœur, qui était chez lui délicat et sensible, avait eu de terribles sursauts, mais il avait eu affaire à une énergie qui ne transigeait pas. Force lui avait été de se laisser dompter, et de cesser toute résistance, attendant désormais paisiblement d'en haut un nouveau signe qui lui permît d'aimer.

Or, ce signe vint.

Un soir que Paul et Henri se retrouvaient à la même table, — à la table maigre du vendredi —, celui-ci remarqua chez son ami quelque chose de plus que l'apparente « jovialité » ordinaire. Vers la fin du repas, Paul tira de sa poche une poignée de lettres, les feuilleta, en prit une qu'il déplia avec un peu de mys-

----

(1) Témoignage d'H. de W.

tère, et en commença la lecture, après avoir dit à son vis-à-vis :

« C'est du Colonel C..., mon ancien Commandant de Groupe. »

Cette lettre, d'une rapidité toute militaire, et, comme il convient entre hommes, affectueuse dans les actes plus que dans les mots, disait en substance ceci :

« Vous devez être bien seul là-bas. Vous ne voulez donc pas vous marier ?... Venez donc me voir, je serai à Paris prochainement. Je vous parlerai en toute franchise de ce que j'ai en vue... »

Paul avait toujours tenu le Colonel C... en très haute estime. Il le considérait comme un des hommes qui avaient eu — cette expression est de lui — « la plus heureuse influence sur sa formation » (1). Il le savait connaisseur en valeurs morales non moins qu'en questions de métier, et très complet au point de vue religieux. Sa lettre d'ailleurs évoquait pour lui cette camaraderie militaire, cette vie ardente et généreuse du front dont il avait gardé si fortement l'empreinte.

Aussi, quand Henri, ne sachant trop quelle allait être, au lendemain de tant de déceptions, le premier mouvement de Paul, lui demanda : « Et qu'est-ce que tu vas faire ? », celui-ci répondit sans hésiter :

« A lui, j'irais les yeux fermés. Une proposition de sa part ne peut être que très sérieuse ».

En effet, Paul s'en fut au rendez-vous.

Le colonel, sans plus de formalités, lui dit qu'il pensait à l'une de ses nièces, elle-même fille de colonel, et très capable, lui semblait-il, d'incarner l'idéal que poursuivait Bertrand. Rien de plus facile d'ailleurs, — car à quoi bon des détours ? — que de venir étudier le problème sur place. Il l'invitait pour un pro-

---

(1) Lettre au Colonel Marcellin C..., 23 janvier 1923.

chain dimanche, chez son frère, qui habitait tout près de Paris, à Bellevue.

Paul, à la fois séduit et un peu effrayé par tant de rondeur, le remercia chaleureusement, mais voulut se réserver le temps de la réflexion.

Et de Loos, peu de jours après, il adressa à son ancien chef une réponse qui le dépeint trop bien pour ne pas être mentionnée ici.

Après avoir rappelé leurs communs souvenirs de guerre, et « les mois trop courts passés sous son commandement », Paul en vient à la question posée. Il parle de son désir du mariage, et de tout ce qui l'a douloureusement contrarié.

« Je voudrais tant pouvoir un jour être père d'une nombreuse famille, que je ne saurais assez admirer l'exemple des belles familles bien unies, et où se perpétuent les traditions françaises de foi, de courage et de patriotisme.

« Mais jusqu'à présent, les épreuves se succèdent pour moi et les voies de la Providence sont incompréhensibles. Je m'incline, certain que je comprendrai un jour les raisons de tout ce qui m'arrive. Il est hors de doute d'ailleurs que l'épreuve est très bonne pour la formation et qu'ensuite on se sent meilleur ».

Il résume l'histoire de ses angoisses de 1922, et du brisement final. « Cette détermination, que je repoussais au début, sans vouloir m'y arrêter, s'est imposée. Dans de pareils cas, la grosse difficulté est toujours de savoir quelle est la voie du devoir. Ensuite lorsqu'on a fait ce que l'on croyait devoir faire, si dur qu'ait été le sacrifice, on en éprouve un soulagement et on retrouve le calme et la confiance.

« Tel est mon état actuel, et tels sont les états d'âme par lesquels je suis passé.

« Que me réserve l'avenir ? Dieu seul le sait, et d'avance je m'incline devant ses desseins qui peuvent nous paraître parfois mystérieux... On en arrive parfois à douter de la possibilité du bonheur, et il reste comme seule consolation terrestre, la satisfaction du devoir accompli.

« Vous pensez peut-être que dans de telles conditions, il n'y a plus qu'une ressource pour moi, c'est de me faire chartreux ou trappiste... Jusqu'à présent je n'ai pas la vocation et je conserve malgré tout l'espoir de fonder une famille. Aussi, mon colonel, je ne saurais assez vous remercier d'avoir pensé à moi pour une de vos nièces. »

Puis, de peur que les conditions qu'il remplit, « ou plutôt celles qu'il ne remplit pas » ne lui permettent pas d'assurer le bonheur de cette jeune fille, il donne sur lui-même et sur sa famille quelques précisions. Mais cela fait, il trace aussi, sans minimiser ses exigences, le portrait de la femme qu'il lui faut. Ne pourrait-on souhaiter que beaucoup de jeunes gens portent dans leurs recherches et dans leur choix un idéal semblable :

« Je dois vous dire aussi quelques mots des qualités que je voudrais rencontrer chez une jeune fille.

« Je ne parle pas du point de vue religieux, — question que je suppose a priori résolue —, ni même du point de vue intellectuel, — il est entendu qu'elle est capable de s'intéresser à ce que fera son mari, de même que celui-ci doit pouvoir s'intéresser aux affaires domestiques que règle sa femme.

« Je suppose aussi résolue la question de santé, et celle de l'âge qui doit être en harmonie avec le mien. Un physique agréable, mais surtout une nature affectueuse et aimante, susceptible de s'attacher profondément, non seulement à son mari, mais encore à toutes les personnes qui lui sont chères, quels que soient les petits froissements qu'elle puisse en éprouver au début.

« L'amabilité, et surtout la simplicité, sont deux qualités que je considère comme essentielles. Femme d'intérieur capable de résoudre momentanément par ses propres moyens une crise domestique ; maîtresse de maison accomplie. En ce qui concerne la fortune, qu'elle sache équilibrer le budget, quel qu'il soit, et même prélever sur les ressources annuelles une part pour garantir l'avenir des enfants.

« Enfin ne tenant pas à vivre dans une région plutôt que dans une autre, et décidée à suivre son mari partout où ses intérêts ou ses fonctions peuvent l'appeler à aller vivre.

« En résumé : pieuse, jeune, franche, vive, robuste, gaie, aimable, simple, affectueuse et intelligente, telles sont quelques-unes des qualités que j'aimerais rencontrer.

« Mais, mon colonel, je m'excuse de vous écrire si longuement. Je pense que si vous avez songé à moi pour une jeune fille, c'est que vous avez jugé qu'elle pouvait me convenir, et vous êtes meilleur juge que moi, car on ne peut être à la fois juge et partie... » (1)

Ceux qui n'admettent que la méthode du coup de foudre pour aborder la vie conjugale, s'étonneront de voir procéder avec des vues si arrêtées sur le but à atteindre.

Mais Paul Bertrand n'est plus un enfant. Il a vingt-huit ans, et connaît la vie. Il se défie de ses sens, et ne leur reconnaît aucun droit d'initiative en cette matière. Qu'ils aient satisfaction, soit, mais à leur rang, qui est loin d'être le premier. Le mariage d'ailleurs n'est nullement un but. Le but, c'est la famille, avec sa mission très haute, et ses charges très lourdes. La femme qu'il épousera, il l'a dit assez clairement lors de la crise de 1922, sera la mère de ses enfants primordialement ; son épouse ensuite, et pour cette tâche essentielle. Il est donc en droit de vouloir qu'elle soit

____

(1) Lettre au Colonel Marcellin C..., 23 janvier 1923.

d'abord à la hauteur de sa mission. Comme épouse même, elle est une collaboratrice aimante, un soutien de tous les jours, une animatrice aux heures mornes, une flamme où se rallument les énergies refroidies, mais en vue de remplir plus allègrement et plus puissamment le devoir qui prime tout. Et s'il y a un devoir religieux et un devoir professionnel, et encore un devoir civique et social, n'est-il pas élémentaire que d'avance, — puisque après tout le mariage est un choix, et non un hasard —, on s'assure des chances sérieuses d'être aidé, et non entravé, dans leur viril accomplissement ?

Ainsi pensait Bertrand, et toutes les séductions du monde se seraient usées contre ce roc.

Cette manière de voir fut d'ailleurs loin de déplaire dans une famille où l'on avait le culte de la droiture, et le respect de Dieu.

L'ancien commandant de groupe amena à Bellevue, un beau dimanche de février, son ancien sous-lieutenant, et le présenta avec fierté dans la famille de son frère. Paul, qui n'avait aucun souci, ni aucune habitude de jeter de la poudre aux yeux, plut par sa réserve même, et sa modestie, qui complétaient heureusement le tableau enthousiaste de son chef de guerre.

Après deux entrevues, lui qui, sur certaines matières, jugeait « plus facile d'écrire que de parler », reprit sa bonne plume, et s'adressant cette fois au père de celle qu'il commençait d'aimer, voulut le mettre au courant, s'il n'y était déjà, des points les plus délicats de son passé, et de ses plans d'avenir.

Et à cette occasion, il n'hésita pas à faire sa profession de foi, non seulement religieuse, mais apostolique, afin qu'il soit bien entendu que sur ce point il n'avait nulle intention de revenir en arrière.

« Je crois que je dois vous dire aussi combien le séjour à l'X m'a été profitable au point de vue religieux.

Entré à l'Ecole après la guerre avec des convictions profondes, c'est certain, mais avec des idées fausses aussi, en particulier avec l'idée que la religion était affaire individuelle, et que bien faire et laisser dire était une morale suffisante, j'en arrivai bientôt, sous l'emprise du mouvement religieux qui se développait alors à l'Ecole, et qui se poursuit encore maintenant, à constater qu'il ne suffit pas d'avoir des convictions pour soi, mais qu'il faut tâcher de faire un peu d'apostolat, ne fût-ce que par l'exemple, et aussi que le devoir des catholiques jeunes et actifs est de coopérer au moins à quelques œuvres et à faire rayonner à l'extérieur la vie intérieure qu'ils doivent s'efforcer de maintenir en eux » (1).

Ce n'était pas en effet à l'heure où il allait au foyer se donner charge d'âmes, et assumer ce qu'il n'est pas exagéré d'appeler le sacerdoce paternel, qu'il convenait de renoncer aux habitudes lentement prises de sanctification personnelle et de rayonnement surnaturel. Il savait bien que si comme père, il n'allait communiquer qu'une vie humaine, il aurait cependant la garde et la responsabilité de l'étincelle divine que le Baptême allumerait dans l'âme de ses enfants, et qui devrait, grâce à lui, les embraser tout entiers.

Conclus sur ces bases, les pourparlers ne traînèrent pas. Les âmes qu'il était question d'unir, se reconnurent si pareilles ! Leurs deux rêves n'en faisaient qu'un.

Chaque quinzaine — ou plus souvent —, Paul prit le chemin de Bellevue, et ce printemps, et cet été, comme toutes les vies heureuses, n'ont plus d'histoire.

Le 24 août 1923, la fiancée et sa mère débarquaient à Lille, et venaient prendre une première idée de l'installation qui se préparait. Le nid de verdure du château Kiener, heureusement placé à l'écart de l'usine,

---

(1) Lettre au Colonel Louis Charpy, 26 février 1923.

et du côté propice pour n'avoir à redouter ni ses gaz, ni ses odeurs, ne dut pas leur déplaire. Et l'on prépara ensemble le cadre du bonheur prochain.

Enfin le 4 septembre, à Bellevue, Paul voyait combler ses vœux, et les deux cœurs, désormais à l'unisson pour toujours, préludaient à l'action de grâces qui allait remplir leur vie.

*
* *

Si Paul Bertrand était loin d'envisager le mariage comme un changement radical d'orientation, et comme un rétrécissement des grands horizons de la vie, il ne se dissimulait pourtant pas qu'il abordait une nouvelle étape de son existence, et des problèmes nouveaux où beaucoup d'inconnu l'attendait.

Depuis deux ans, il avait vu s'engager sur la même route fleurie et pourtant pleine de risques, plusieurs de ses meilleurs amis. Et puisque leur amitié était avant tout la mise en commun de ce qu'il y avait de meilleur et de plus intime dans leur âme, un événement de si grande portée morale n'avait pu être absent de leurs échanges de vues. Paul, comme aîné peut-être, ou comme le plus sage, avait parfois fait un peu le directeur de conscience, pour prévenir certaines inquiétudes ou pour les calmer.

Il ne veut pas qu'on se jette tête baissée dans la vie conjugale sans en avoir étudié les devoirs. Si c'est nécessaire pour ramener à la vraie dignité chrétienne ceux qui auraient abusé de leur jeunesse, ce l'est tout autant pour épargner malaises et scrupules à ceux qui ont la fierté d'apporter de leur côté la même virginité qu'ils réclament de l'autre.

Or Paul sait que ce n'est pas là une chimère.

A un fiancé qui lui a fait part de ses espérances, à un moment où lui-même venait de voir s'effondrer les siennes, il envoie avec ses félicitations, une conseil pratique :

« Mon égoïsme n'est pas encore assez puissant pour que le bonheur de mes amis devienne pour moi une occasion de rancœur et d'amertume. J'ai cependant pu retirer de l'expérience malheureuse que j'ai faite, combien est douce la perspective d'une union qu'on croit réaliser avec toutes les conditions indispensables au bonheur d'un jeune homme chrétien, et c'est ce qui me permettra de mieux comprendre et de mieux partager la joie de mes frères ou de mes amis qui pensent à se marier.

« Je crois que tu ferais bien de lire deux livres qui sont écrits dans un excellent esprit et qui sont nécessaires, je crois, à l'achèvement de la formation morale de l'homme. Ils traitent de sujets que trop systématiquement on a l'habitude de laisser de côté sous le fallacieux prétexte que tout ce qui traite de la vie sexuelle s'apprend par les conversations que l'on peut entendre et par l'instinct.

« C'est là, à mon avis, une grosse erreur, et bien souvent cette instruction est donnée aux jeunes gens non avertis par de bien tristes professeurs... Lis donc: *La vie de jeune homme*, du Docteur Surbled, et *La Vie à deux*, du même auteur » (1).

Un an après, s'adressant cette fois à un époux et à un père de famille, le jeune directeur de conscience résout avec beaucoup de tact un cas de perfection chrétienne qu'il avait lu ou deviné dans d'amicales confidences :

« J'ai très bien compris tous les scrupules qui t'ont légèrement troublé au début de ton mariage. La vie de jeune homme est tellement différente de l'horizon

---

(1) Lettre du 14 juillet 1921. Ce conseil n'est pas donné à un adolescent, — et ne pouvait l'être —, mais à un jeune homme de vingt-cinq ans, à la veille de se marier.

qui s'ouvre tout-à-coup, que la délicatesse de certaines
âmes éprouve un peu d'inquiétude. Il y a là peut-être
un reste des doctrines jansénistes ; d'autre part, il y a
même chez certains grands saints, des conceptions qui
sont propres à amener quelque doute dans l'âme des
époux. Mais si saint François de Sales, dans *l'Introduc-
tion à la vie dévote*, recommande préférablement l'abstention du devoir conjugal quand on doit communier,
il ne le défend pas. Et d'ailleurs son conseil ne peut
même pas être suivi par ceux qui veulent se conformer aux instructions pontificales au sujet de la Communion fréquente. Le devoir conjugal, en tant que devoir, ne peut jamais être en conflit avec d'autres devoirs. La sainte Eglise connaît ses enfants et ne leur
impose pas des devoirs contradictoires d'où pourraient
résulter des conflits de conscience.

« ...J'ai depuis longtemps réfléchi à toutes ces questions et à toutes les différences de vie du jeune homme
avant et après le mariage. Il me restait encore certains
points que je voulais éclaircir pour tranquilliser ma
conscience, et j'ai fait dans cette intention une journée de récollection dans une maison de retraites des environs de Lille. Dans le doute on est toujours certain
de rencontrer l'indulgence de l'Eglise pour apaiser les
consciences trop délicates et un peu scrupuleuses » (1).

On voit assez qu'il s'agissait pour ces jeunes gens,
non pas de s'en tirer à peu près sans graves accrocs à
la loi morale, mais bien de maintenir dans toute situation nouvelle, à travers tous les aspects imprévus de
la tâche quotidienne, tout l'idéal de perfection chrétienne, où les avait conduits, sous l'impulsion des
Exercices de saint Ignace, un admirable et constant effort de détachement intérieur, et d'ascension spirituelle.

-----

(1) Lettre du 8 octobre 1922.

Ils n'oubliaient pas qu'en promettant cet effort, et en se consacrant au Sacré-Cœur pour le rendre plus fécond, ils avaient prononcé, en un jour de ferveur, ces paroles que l'on croit parfois réservées aux cloîtres : « Je m'exercerai, dans les limites de mes devoirs d'état, à suivre les conseils de perfection que vous avez donnés à vos Apôtres, et à pratiquer, selon mes humbles moyens, la pauvreté, la chasteté, et l'obéissance. »

Ce n'étaient pas des vœux, il est vrai, c'étaient des directives, des résolutions, un programme de vie, auquel leur liberté n'était pas définitivement liée, mais dont ils espéraient bien cependant ne se détacher jamais.

Et nous savons que Paul y fut fidèle jusqu'à la mort.

Son mariage ne changea rien à sa vie de paroissien modèle, d'ingénieur parfait, d'homme d'œuvres infatigable.

Il savait certes ce qu'il devait au foyer, et celle qui le pleure ne peut oublier combien il se prodiguait pour la rendre heureuse, avec une délicatesse d'affection qu'avivait et affinait encore son habituel oubli de lui-même. Il avait trouvé en elle le miroir fidèle de ses pensées les plus saintes et les plus généreuses. C'est à elle qu'allaient maintenant toutes les confidences que portaient jadis à d'autres amis les lettres du dimanche : ils le constatèrent sans se plaindre, c'était trop bon signe !

A l'approche de l'enfant rêvé, toutes les tendresses paternelles s'émeuvent en lui, et il leur donne libre cours. Cette naissance n'est-elle pas, bien plus que le mariage lui-même, le but divin que depuis des années, poursuivent ses désirs ? L'enfant, bien qu'arrivé le dernier, va tout de suite tenir la première place au foyer, et le père et la mère, qui vont désormais le

trouver toujours entre leurs deux cœurs, ne s'en aime-
ront que davantage, et comme de plus près.

Paul n'avait pas fait de photographie durant les
fiançailles. Maintenant il va acheter un appareil, et
s'y mettre. « Ce sera intéressant, note-t-il, quand nous
aurons notre bébé, de pouvoir suivre ses progrès » (1).
Et quand le jeune Edmond aura fait le 5 juin 1924 son
entrée dans la vie, les lettres aux amis s'illustreront
de menus portraits qui voulaient dire : remerciez Dieu
pour moi.

A cinq mois, il remplit tous les loisirs de son père.

« Je trouve notre petit Edmond déjà si drôle, et il
ne marche pas encore. Il a aujourd'hui ses cinq mois.
Pour bien marquer cette date, il a chanté cet après-
midi et ce soir avec force et énergie. Il est vrai que ses
dents lui font bien mal. D'ailleurs il n'a encore jamais
crié la nuit. Il n'a qu'à continuer et nous serons vraiment privilégiés. Le directeur de l'Usine, qui a cinq
enfants, trouve que nous avons de la chance, et que
dans ces conditions-là, il n'y a pas de raison pour que
nous n'allions pas jusqu'à douze. Pourquoi pas ? » (2).

Pourquoi pas ?... La réponse allait venir, soudaine et
cruelle, et les parents qui se disaient privilégiés n'allaient bientôt plus avoir entre les mains que les pauvres petites photographies prises avec tant de fierté.

Le 23 novembre, trois semaines après la joyeuse lettre que nous venons de citer, l'enfant était enlevé en
vingt-quatre heures par un mal d'entrailles, qui déjoua
tous les remèdes.

C'était le sacrifice qui faisait de nouveau irruption
dans une vie, où il avait déjà tenu tant de place, où
d'ailleurs il était entendu qu'il avait toujours entrée libre, puisqu'il venait de la part de Dieu.

---

(1) Lettre à D. M., 17 mai 1924.
(2) Lettre à D. M., 5 novembre 1924.

Si imprévu que fût son retour, il y fut reçu comme toujours, en inclinant la tête, et en donnant raison à Dieu.

Dieu vit qu'après dix-huit mois de bonheur, le cœur de Paul n'avait pas changé, mais que désormais quand il passerait près de lui avec sa croix, il y aurait pour l'accueillir deux « fiat » au lieu d'un.

Cette fois, Dieu semblait lui dire : « Tu t'es offert à moi, pour m'aimer plus que tout. M'aimes-tu plus que cet enfant ? » Et Paul, en dépit de toutes les révoltes de la tendresse, répondit simplement : Oui, Seigneur, plus que cet enfant. »

Dieu disait : Tu m'as promis d'être pauvre. Tu étais trop riche avec cet enfant ! » Et Paul acquiesça : « Seigneur, j'étais trop riche... »

Dieu ajoutait : « Tu m'as promis d'être obéissant. Jusqu'où veux-tu l'être ? » Et Paul, d'un grand élan de cœur, s'écria : « Jusqu'au bout ! »

Et en écho à sa suprême réponse, l'âme qui s'était identifiée avec la sienne, répéta : « Jusqu'au bout ».

Ce jour-là, quand ils s'agenouillèrent ensemble, et puis s'embrassèrent auprès du berceau vide, les anges emportèrent au ciel de très pures holocaustes, et tous les martyrs chantèrent là-haut : « Gloire à Dieu ! »

Moins d'un mois après, le dimanche 21 décembre 1924, Paul était à Paris pour y retrouver, durant une journée de récollection spirituelle, plus de deux cent cinquante de ses camarades de l'X, dont plusieurs venaient des frontières, et même d'au delà.

Il y rencontra ceux avec lesquels il n'avait pas cessé depuis quatre ans de correspondre régulièrement, et leur confia sa grande tristesse et sa plus grande soumission. Et plus qu'à tout autre, durent lui aller au cœur, ces paroles admirables de l'un d'entre eux, dans un rapport sur l'esprit de sacrifice :

« Prière et sacrifice sont à notre disposition, toujours et en tous lieux. Ce ne sont certes pas les occasions qui manquent. A nous d'être animés d'une vie intérieure intense et de les saisir généreusement. Si la vie active nous était interdite à tous, si tous étaient immobilisés sur un lit de douleur, notre œuvre ne serait pas pour cela compromise, le rayonnement de notre apostolat ne serait pas amoindri, bien au contraire, — si, souffrant et priant ils s'offraient généreusement à Dieu » (1).

Paul n'était pas de ceux qui, d'instinct, quand ils entendent conseils ou exhortations, en détournent vers les autres les applications les mieux faites pour eux. Il comprit un avertissement si opportun, — et qui allait le devenir, à son insu, bien plus encore, — et rapporta de ce pèlerinage de nouvelles provisions de force calme et de foi aimante, la seule richesse à laquelle il ne fût pas prêt à renoncer.

*
* *

Désormais les événements vont se précipiter. Paul a trente ans, et n'a plus que six mois à vivre. Il est temps de méditer de nouveau ce qu'il écrivait pendant sa retraite de Clamart, en août 1919 :

« Ne nous attachons pas trop à cette terre et à toutes choses terrestres : nous ne sommes ici que de passage ».

L'heure vient où il lui servira, non pas d'avoir écrit, mais d'avoir vécu cette maxime.

Le bonheur n'est ici-bas qu'une relâche pour mieux souffrir, une halte pour reprendre plus allègrement son fardeau. Paul n'eut jamais le temps de l'oublier. Il l'aura moins encore désormais.

En février 1925, il est nommé sous-directeur de

---

(1) Rapport de A. L., 21 déc. 1924.

l'Usine, où il servait jusque là comme chef de fabrication, et sa situation matérielle en est notablement améliorée.

Vers le même temps, ses lettres mentionnent de nouvelles espérances de paternité. « Nous attendons un bébé pour le mois de juillet. Sans faire oublier son aîné, il viendra combler le vide creusé par le rappel de ce cher petit près du bon Dieu » (1).

Les nuages se dissipent donc. Le ciel s'éclaire du côté de l'avenir... Oui, pour une courte journée de printemps.

Dès le mois de mars, nouvel assaut de la douleur, encore cette fois à l'improviste, et avec une extrême violence. Ce n'est plus au cœur qu'elle s'attaque, c'est à la santé et à la vie même, qu'elle secoue à la briser.

Une lettre du 11 avril en porte à un ami la nouvelle, avec autant, — et même bien plus — de détachement et de sérénité que s'il s'agissait d'un autre :

« Je veux maintenant te dire quelques mots de moi. Depuis un mois, j'ai eu deux violentes crises intestinales, et, à la première, j'ai bien cru que ma dernière heure avait sonné. Grâce à Dieu, il n'en a rien été. Le docteur a cru que tout se passerait sous l'influence d'un régime sévère. Vain espoir : mardi matin (malgré le régime du Carême), j'ai eu une nouvelle crise. L'appendice ne peut être mis en cause, puisque j'ai été opéré en 1915, à mon retour des Dardanelles. Mais il y a tout lieu de croire que mon intestin est enserré par moments dans une bride qui empêche son fonctionnement. Bien qu'on n'ait pas sur ce point de certitude absolue, et devant la menace d'accidents plus graves, le plus simple va être d'aller se rendre compte de ce qui se passe. Aussi je dois être opéré mercredi matin à Lille.

____

(1) Lettre à A. L., 17 février 1925.

« Il y a toutes chances pour que tout aille bien, mais une opération présente toujours une certaine gravité. Aussi je compte sur les prières des camarades. Pour moi j'ai déjà offert mes souffrances pour eux » (1).

L'opération vérifia les pronostics, et dissipa, croyait-on, toute crainte pour l'avenir. Après huit jours de clinique, soigné par l'inlassable dévouement de sa femme, et par des infirmières dont il apprécia hautement la sollicitude intelligente, il adressait à Paris un bref, mais rassurant communiqué :

« Un mot seulement. Suis en bonne voie. Plus intéressant pour le chirurgien : donc tout va bien. Merci bonnes prières et union actions de grâce » (2).

Ce chant de victoire était bien un peu prématuré. Il en donne lui-même la raison trois semaines plus tard.

« J'ai enfin quitté l'hôpital il y a trois jours. Mon séjour a été un peu prolongé, car, le premier mai, j'ai éprouvé le besoin de faire, moi aussi, une manifestation intempestive : j'ai eu 40°5, avec grippe, point de pleurésie, bronchite, et j'ai de nouveau causé de l'inquiétude à ma femme et au docteur. Enfin grâces à Dieu, les enveloppements froids et sinapisés ont amené une heureuse détente, et aujourd'hui nous prenons le train pour Paris, puis pour Arbois où je vais prendre, chez mes beaux-parents, du repos et des forces... Ma femme elle aussi a bien besoin de repos après toutes les émotions que je lui ai causées.

« Pour ce qui est de l'opération, elle a parfaitement réussi. Les crises intestinales dont j'ai souffert étaient des occlusions heureusement temporaires, dues à la présence de brides et d'adhérences qui gênaient les mouvements naturels. Le chirurgien a dégagé ces obstacles et maintenant je suis tranquille...

---

(1) Lettre à A. L., 11 avril 1925.
(2) Au même, 21 avril 1925.

« Me voici convalescent, et je n'ai plus qu'à remercier la Providence, pour l'heureuse issue des divers assauts que j'ai supportés depuis deux mois » (1).

Il la remerciait vivement aussi de mettre fin à cette
longue inaction de plusieurs semaines, si pénible à un
homme qui n'avait jamais eu dans sa vie une minute
oisive.

Deux amis d'enfance, ingénieurs comme lui, le virent alors à son passage à Paris. Ils furent effrayés de
l'état physique où ses crises l'avaient laissé, mais en
même temps frappés de son énergie, et de son amabilité inaltérables.

« Ayant apprécié, dit l'un, ses qualités de cœur et
connaissant ses sentiments religieux, je lui avais demandé d'être le parrain de mon petit Philippe, mon
second enfant. Et ce fut pour lui, au cours d'une réunion intime, l'occasion de faire la conquête de ma famille par sa bonne humeur et son sourire. Mon petit
Philippe saura-t-il jamais quel parrain et quel conseiller il a perdu !

« Six semaines avant sa mort, passant quelques heures à Paris après sa première opération, et avant de
partir en convalescence dans le Jura, bien qu'affaibli
et courbé par la maladie, il était venu, s'appuyant sur
une canne, jusqu'ici, pour embrasser et gâter son
petit filleul.

« Je l'avais trouvé si changé qu'en le quittant je lui
conseillais de prendre un repos plus long qu'il ne
l'avait décidé, mais Bertrand, n'écoutant que son courage et le devoir qui le rappelait à l'Usine, rentra trop
tôt à Loos. Je ne devais plus le revoir... » (2).

L'impression laissée par cette dernière apparition de
Paul ne fut pas moins vive chez l'autre ami parisien :

----

(1) Au même, 10 mai 1925.
(2) Lettre de M. M., 20 septembre 1925.

« J'ai eu sa visite en mai ou juin, écrit-il, lors de son passage à Paris, après son opération, pour se rendre en convalescence. Son aspect physique était lamentable pour qui l'avait connu robuste. Mais la paix de son âme, qui apparaissait dans le plus doux des sourires, et dans les paroles, et dans le regard si affectueux, était encore plus frappante » (1).

Paul regarda sans doute avec envie du côté de Montmartre. Plusieurs fois il y avait passé des nuits d'adoration, même depuis qu'il était devenu Lillois, comme ce 28 juin 1922, où il avait tenu à y célébrer la fête du Sacré-Cœur, au milieu d'une immense foule dont la ferveur l'avait enthousiasmé.

Il ne pouvait, hélas, pour le moment, y aller que de désir.

Le jeune ménage trouva à Arbois une nature idéalement bienfaisante.

Petite ville pittoresque, aux pignons anciens, aux rues et aux places souvent silencieuses, aux vieux arbres protecteurs, aux eaux courantes baignant des ponts ou des moulins antiques tout chargés d'histoire, aux vieilles tours d'églises symbolisant à souhait la solidité des traditions religieuses, elle s'encadre richement de ses coteaux à vignes, puis, plus sévèrement, de la première falaise du Jura, dans laquelle s'ouvrent des gorges sauvages.

Non loin du berceau de Pasteur, Paul vit s'ouvrir à lui, avec la simple et large hospitalité d'autrefois, un de ces vénérables logis de nos provinces françaises, auxquels on comprend que les familles encore dignes de ce nom gardent toute leur fidélité, tant leurs puissantes assises, et leurs robustes charpentes semblent mettre leurs hôtes à l'abri des orages de la vie.

---

(1) Lettre de C. P., 19 septembre 1925.

C'était une grande maison grise, élevée sur les vieux bastions de la ville qui lui donnaient d'inébranlables racines, et même, de certains côtés, quelque allure de forteresse. Après plusieurs années d'abandon, elle se rajeunissait, depuis que le beau-père de Paul, ayant quitté la direction des usines Renault qu'il occupait depuis la guerre, avait regagné le sol natal, et pris à tâche de restaurer le toit ancestral.

Le convalescent et sa jeune femme y apportaient un sourire de plus.

D'abord Paul goûta profondément le calme, la fraîcheur, la beauté de cette campagne vers laquelle s'ouvraient largement fenêtres et balcons sur toute une façade de la chère maison. Il aspira à pleins poumons, lui, fils des champs et toujours resté rural de cœur, un air qui n'est mêlé d'aucun poison d'usine, sous un ciel qu'aucune fumée ne souille.

Il regarde, de loin d'abord, cette montagne qui l'attire ; ces sommets peu hautains d'où il voudrait plonger le regard jusqu'au fond de l'immense plaine, jusqu'à Dôle, jusqu'à Mont-Roland, jusqu'à la Côte d'Or ; ces gorges dont il est curieux de pénétrer le mystère. Il est trop faible encore pour arpenter ces beaux chemins. Mais patience ! le Jura aura vite refait du malade qui inspirait la pitié, le beau garçon de jadis, à l'activité toujours en éveil.

Dix jours après son arrivée, il envoie à Paris une simple carte, « car, dit-il, en vacances en est encore plus occupé qu'en temps normal. Je vais bien et reprends des forces au bon air et au bon soleil. Je pense rentrer à Loos le mardi de la Pentecôte » (1).

Il ne s'accorde donc plus même quinze jours. Du moins va-t-il pouvoir donner libre cours à son humeur aventureuse et à son admiration toujours jeune

---

(1) A. D. M., 21 mai 1925.

et prompte. Il gravit les sentiers en lacets qui escaladent le plateau. Il s'arrête à mi-côte au poétique « Ermitage», dont la chapelle blanche et le fin clocher, surgissant de l'épaisse verdure, paraissent se pencher sur la ville et la plaine pour les bénir. Il parcourt la belle esplanade qui couronne la longue crête, et parvenu à la vaste terrasse qui la termine, fouille des yeux l'immense carte de France qui se déploie à ses pieds, carte vivante, si pleine de soleil, et si fraîchement colorée par le printemps.

Il s'en ira aussi à la découverte, dans la vallée de la Cuisance, dont il aimera les bonds capricieux, et les bruyantes cascades. Et au dos d'une carte postale représentant un de ces sites charmants, il conseillera aux jeunes scouts de Lille, parmi lesquels il comptait des amis, de venir dresser leurs camps de vacances dans ces parages privilégiés.

Ce séjour dura moins d'un mois.

Il suffit pourtant pour laisser de très sympathiques souvenirs. Et l'exemple ne fut peut-être pas inutile, à Arbois, de ce jeune ingénieur qui fréquentait si assidûment l'église, y communiait au moins chaque dimanche, à la messe de huit heures et demie, et se retrouvait ensuite avec sa femme à la grand'messe paroissiale.

Aussi bien ne faisait-il, en agissant ainsi, que transporter en pays peut-être moins chrétien, ses bonnes habitudes de Loos, et cet apostolat d'exemple, auquel si sagement il a toujours attribué une importance et une efficacité primordiale. N'est-ce pas celui qui donne le moins de prise à la discussion et à la chicane, qui réfute le plus péremptoirement les objections, et qui, somme toute, va le plus droit au but, qui est d'entraîner ?

Les premiers jours de juin, Paul et sa femme reprenaient résolument le chemin du Nord.

La comparaison des climats et des paysages était bien faite pour mêler quelque mélancolie à ce départ, mais l'attrait du devoir compensait tout, et puisque les forces étaient revenues, le repos devenait un contresens, presque un remords...

Il fallut un effort pour s'adapter de nouveau à la besogne, qui, elle, n'avait pas chômé depuis deux mois.

« Notre séjour dans le Jura nous a fait beaucoup de bien, écrit Paul le 6 juin. Mais il est un peu dur de reprendre le collier après un arrêt aussi prolongé » (1).

Ce fut une fête partout de le revoir : à l'Usine d'abord, où sa présence mettait dans la discipline et dans les affaires quelque chose de cordial, et comme d'immatériel ; dans les œuvres de Loos, où l'on fondait si légitimement sur sa collaboration dévouée de vastes espoirs ; à l'église Notre-Dame-de-Grâce, où il reprit ses communions fréquentes, et sa fidélité, chaque fois qu'il le pouvait, aux cérémonies paroissiales ; parmi les ingénieurs catholiques, qui, le troisième dimanche de juin, saluèrent joyeusement la réapparition de celui qui s'identifiait presque avec l'histoire du groupe.

Il eut juste le temps de rassurer tous ses amis, en se montrant partout tel qu'il était avant sa maladie, toujours exquis de tact et de délicatesse, mais toujours aussi homme d'initiative et de zèle.

Il proposa que l'activité de l'U. S. I. C. ne s'interrompît pas pour « les mois dits de vacances » sans que ses membres aient fait ensemble une adoration comme celles de Montmartre. On se contenta de demander une veillée d'une heure, le 26 juin, fête du Sacré-Cœur, de neuf à dix heures du soir : une vingtaine de membres s'y retrouvèrent autour de Paul dans le chœur de l'église du Sacré-Cœur, et l'on pria avec ferveur pour la France et pour la rechristianisation du monde du travail.

---

(1) Lettre à D. M., 6 juin 1925.

A cette prière cachée, Bertrand avait ajouté, quelques jours avant, son complément nécessaire : la profession de foi publique. A Loos, les processions de la Fête-Dieu gardaient la liberté de la rue, et s'y déployaient sans obstacle, malgré l'organisation socialiste qui y était puissante.

La dernière lettre de Paul, que nous possédons, exprime sa fierté d'y avoir pris part :

« C'est après les processions qui se sont déroulées ici comme tous les ans à travers la ville, que je t'écris pour te donner mon impression. Comme ces manifestations sont propres à raviver la foi et à faire disparaître le respect humain ! Les ennemis de la foi savent ce qu'ils font en s'opposant à ces processions qui font tant d'effet sur l'âme des foules. Il semble que Notre-Seigneur veuille rappeler qu'il est là pour tous, et qu'il fait le premier pas pour ramener à lui ceux qui l'ont oublié. Quel honneur aussi pour ceux qui portent les flambeaux et assurent la garde d'honneur de notre premier Souverain : le Sacré-Cœur ! » (1).

Il sait bien et déplore que l'on se soit laissé confisquer en beaucoup d'endroits ce moyen splendide, et pourtant si facile, de faire parvenir jusqu'à la masse indifférente, un peu de vérité religieuse : un sermon qui entre par les yeux.

« Pour quelques privilégiées, quelle majorité de communes où les processions sont interdites ! Dans bien des cas nous pouvons en faire notre *mea culpa*. Car ces résultats sont dûs à l'inertie de ceux qu'on est convenu d'appeler les gens de bien, mais qui ne rayonnent pas, et se désintéressent trop souvent du bien commun » (2).

Ici encore comme il eût applaudi au mot d'ordre

____

(1) Lettre à A. L., 21 juin 1925.
(2) *Ibid.*

donné depuis dans certaines régions, et en particulier dans des paroisses toutes voisines de la sienne, par la Fédération nationale catholique, de ne plus tenir compte des arrêtés abusifs de maires intolérants, mais de passer outre, coûte que coûte... Et comme il serait accouru avec entrain à de pareils rendez-vous !

Le dimanche 28, nous l'avons vu plus haut, il s'accorde encore une de ces fières joies, en se joignant à la grande procession eucharistique d'Haubourdin. Il s'y fatigue même peut-être au delà des limites prudentes. C'est qu'il est parti le plus tard possible de chez lui, et y rentre en courant. Qu'y a-t-il donc qui le retienne si fort au foyer ? La lettre du 21 juin le disait dans une de ses dernières lignes, et des plus poignantes dans leur simplicité. « Nous attendons notre bébé pour le début du mois prochain ».

Pauvre bébé qui ne recevra jamais les caresses de son père !...

*
* *

Deux jours après le grand acte de foi d'Haubourdin, le mardi 30 juin après-midi, Paul fut pris de nouveau de douleurs intestinales.

Il était à l'Usine, il y resta.

Son contremaître s'étant rendu compte qu'il souffrait, lui dit :

« Monsieur Bertrand, vous n'êtes pas bien. Qu'est-ce que vous avez ?

— J'ai mal au ventre, répondit Paul, mais ça n'a aucun rapport avec ce que j'ai déjà eu. Ce n'est rien du tout. Ça passera. »

Le soir venu, il rentre chez lui, de plus en plus travaillé par le mal. A dix heures, il faut faire chercher le médecin. Dans l'incertitude du diagnostic, on se contente de piqûres de morphine, qui d'ailleurs ne soulagent point. La nuit est mauvaise.

Le mercredi, on recourt enfin au chirurgien qui connaissait Paul. Pas plus que le malade lui-même, il ne croit d'abord au danger d'obstruction. « Coliques de plomb, prononce-t-il ; très douloureux, mais sans péril. » La journée et la nuit se passent dans cette illusion, mais aussi dans de très vives souffrances endurées héroïquement.

Le jeudi matin 2 juillet, vers onze heures, Paul changea brusquement : il devint livide, les traits se creusèrent, et la douleur fut au paroxysme. Le Directeur des usines, averti, accourut en hâte, et, effrayé de ce qu'il voyait, partit immédiatement chercher prêtre et chirurgien.

Quand M. l'abbé Droulers, vicaire de Loos, entra dans sa chambre, Paul rassembla ce qui lui restait de force pour lui dire :

« Est-ce que vous croyez que je puis me présenter devant le bon Dieu comme je suis ? »

Il s'était confessé le dimanche précédent. Il y avait d'ailleurs longtemps qu'il était toujours prêt. La mort n'était en somme qu'un sacrifice un peu plus grand que les autres, un acte d'amour de Dieu plus parfait. L'heure de la Providence était la sienne.

M. Droulers lui donna aussitôt l'Extrême-Onction.

Dans l'après-midi, un autre prêtre de ses amis, prévenu aussi par le Directeur, qui pensait à tout, vint passer une heure auprès de lui. Il se souvient de ces deux statues de la Douleur, l'une couchée, la figure crispée, le corps raidi, toute l'âme semblant réfugiée dans les grands yeux suppliants mais toujours si bons, sans une plainte amère, sans un cri ; l'autre debout devant le lit, effrayante de calme et de maîtrise d'elle-même, toute aux menus soins possibles, là où aucun soulagement n'était en son pouvoir, sans une larme, sans une défaillance, mère qui devait songer d'abord à l'enfant qu'elle portait, et que cette pensée rendait impassible.

Quand le prêtre s'agenouilla auprès du lit, et l'eut béni, Paul mit sa main dans la sienne, et ils prièrent longuement ensemble, redisant souvent l'acte d'abandon de Gethsémani. L'offrande à Dieu du sacrifice total fut plusieurs fois réitérée, et le regard de Paul ne se troublait pas. Les litanies de la Sainte Vierge, très lentement récitées en répétant plusieurs fois certaines invocations : « Santé des malades ! Secours des chrétiens ! Reine des martyrs ! » parurent lui procurer quelque allègement.

Il avait beaucoup aimé la Sainte Vierge. A Lille, en 1921, il s'était consacré à elle dans une Congrégation mariale d'hommes et de jeunes gens. Son souvenir lui était très doux.

Une fois, il dit :

« Comme je voudrais mieux prier ! Mais je ne peux plus. »

Et à un autre moment, à une recrudescence du mal, il articule doucement, — et ce fut sa seule plainte :

« Oh ! que c'est long ! »

Alors les yeux s'attachèrent au crucifix dans une supplication ardente et une suprême obéissance.

Le chirurgien arriva, et désira une consultation. Le résultat en fut qu'il ne restait d'espoir que dans une nouvelle opération. Impossible d'endormir un malade si affaibli. Il assista donc lui-même à la terrible exécution, qui fut faite immédiatement, sur les six heures du soir.

« Il a eu un courage de lion », disait ensuite l'opérateur. Il eût fallu dire un courage de saint.

Ce fut d'ailleurs le coup de lance sur la croix. A sept heures, il rendait son âme à Dieu sans avoir jusque-là perdu connaissance.

A cette heure même, Madame Charpy, mère de Madame Bertrand, débarquait à la gare de Lille, sans rien savoir, tout à la joie d'une prochaine naissance. Le Colonel la suivait de près.

Et l'enfant vint au monde, au moment où le cercueil de son père était emporté de chez lui, au chant du *Miserere*...

Deux ans auparavant, à dix jours de son propre mariage, Paul avait eu comme d'avance le spectacle de ce qui l'attendait. Un de ses amis, ingénieur à Lille, mourait comme il devait mourir, et voici le commentaire qu'il en faisait lui-même :

« J'avais dîné avec L... le 14 juillet. Il devait aller rejoindre sa femme et passer huit jours de vacances loin de Lille. Le 2 août, dans l'après-midi, je reçois un petit mot de Mme L... m'apprenant que son mari avait été opéré le vendredi précédent et qu'après leur avoir causé bien des inquiétudes, il était en bonne voie. Retenu un peu tardivement à l'usine, j'arrive à l'hôpital à sept heures et demie, et j'apprends que L... était mort depuis une demi-heure, des suites de l'obstruction intestinale qui l'obligeait huit jours plus tôt à consulter un médecin et à se faire opérer dès le lendemain au milieu d'atroces souffrances.

« Tu peux t'imaginer quelle émotion on ressent lorsqu'on voit mourir si rapidement de bons amis. On partage vraiment la douleur de ceux qui les pleurent. Sa jeune femme (il était marié depuis le mois de septembre) attend un bébé prochainement... Ce sont des deuils qui comptent. Et lorsqu'ils frappent, on s'incline devant les desseins impénétrables de la Providence, en songeant que bien des choses échappent à notre courte vue » (1).

Oui, on s'en va songeur, parce que Dieu n'a pas à répondre ici-bas à tous nos pourquoi, et que l'aban-

---

(1) Lettre à A. L., 23 août 1923.

d'on à sa conduite est, autant que l'abandon à sa parole, un acte de foi.

Mais le regard brûlant du moribond vers le crucifix — son dernier geste d'apostolat par l'exemple, — contient une réponse suffisante pour ceux qui vivent, puisqu'elle suffit à ceux qui meurent !

EPILOGUE

Est-il bien nécessaire en face de cette vie et de cette mort, d'épiloguer longuement sur les vertus qu'elles nous prêchent, et les leçons qu'elles nous lèguent ?

Nous ne le pensons pas.

Est-il opportun, avant de fermer le livre, de nous recueillir un moment ensemble, cher lecteur, et de prier en silence.

Oh ! assurément.

Un jour un camarade de Paris, de passage dans le Nord, voulut faire à Paul Bertrand une courte visite. Il se rendit aux Etablissements Kuhlmann, et le trouva au travail. L'entretien fut très cordial et très court.

Au retour, le visiteur rencontre un ami commun. Celui-ci l'arrête :

« Te voilà dans le Nord ?

— Oui, en courant.

— Et qu'as-tu déjà vu à Lille ?

— Rien que Paul Bertrand.

— Ah ! tu reviens de Loos? Eh bien, qu'est-ce qui t'a frappé ?

— Bertrand n'a quitté qu'un instant le travail, et en me reconduisant, il m'a dit : « Ecoute, nous n'avons le temps de rien faire d'autre ; nous pouvons au moins prier ensemble ». Et nous l'avons fait aussitôt. »

Seigneur, dont Paul Bertrand a tant respecté l'autorité, et tant admiré l'amour,
donnez-moi d'être, comme lui,
plus jaloux de votre autorité que de la mienne,
plus sensible à votre amour qu'à toutes les tendresses humaines.

Seigneur, à qui Paul Bertrand a si intégralement soumis son esprit, son cœur et sa chair,
à travers joies et douleurs, espoirs et déceptions, clartés et ténèbres,
reprenez tout ce que je me suis injustement approprié,
et commandez dans ma vie, dans ma maison, dans ma pensée, en Maître et en Père.

O Christ, dont Paul Bertrand a si passionnément recherché les traces,
si loyalement écouté les paroles,
si énergiquement réalisé les méthodes,
faites que nous puissions, comme lui,
nous appeler chrétiens sans mentir,
faire passer vos conseils avant tous ceux de la sagesse humaine,
et ne chercher de bonheur que dans la voie de vos Béatitudes.

Révélez-nous la beauté de sa vie, qui n'a eu pour modèle que la vôtre.
Revêtez de cette beauté la vie de nos étudiants, de nos officiers, de nos ingénieurs, de nos chefs d'industrie, de nos chefs de famille.
Donnez-nous d'autres Paul Bertrand !
Nous en avons tant besoin.

TABLE DES MATIÈRES

NIORT. — IMPRIMERIE SAINT-DENIS